房地产的逻辑

中国财富管理50人论坛课题组　著

中信出版集团｜北京

图书在版编目（CIP）数据

房地产的逻辑 / 中国财富管理 50 人论坛课题组著 . --北京：中信出版社，2025.8. -- ISBN 978-7-5217-7351-4

Ⅰ . F299.233.5

中国国家版本馆 CIP 数据核字第 20248KN347 号

房地产的逻辑

著者：中国财富管理 50 人论坛课题组
出版发行：中信出版集团股份有限公司
（北京市朝阳区东三环北路 27 号嘉铭中心　邮编　100020）
承印者：北京通州皇家印刷厂

开本：787mm×1092mm 1/16　　印张：15.5　　字数：166 千字
版次：2025 年 8 月第 1 版　　　　　 印次：2025 年 8 月第 1 次印刷
书号：ISBN 978–7–5217–7351–4
定价：69.00 元

版权所有·侵权必究
如有印刷、装订问题，本公司负责调换。
服务热线：400–600–8099
投稿邮箱：author@citicpub.com

前　言

改革开放以来，伴随市场经济改革大潮和城镇化以及经济的快速发展，中国房地产也迅速发展起来。其发展速度之快，体量之巨大，国民住房改善之显著，举世瞩目，足以成为中国经济发展和市场化改革奇迹的一个鲜明标记。与此同时，经过 20 多年的高速发展，房地产供求关系正在发生深刻变化，中国经济也进入高质量发展转型的新阶段。同时，新发展格局下房地产相关的土地、财税、金融等要素体制也在持续变革，原先在房地产供不应求背景和传统要素体制下形成的发展模式，正在面临深刻转型。

如何看待过去 20 多年中国房地产的高速成长，以及正在发生的深刻调整，房地产未来走势以及如何向新模式转型？站在新的历史起点上，中国财富管理 50 人论坛组织业界、学界权威专家，经过 3 年多的广泛调研和深入研讨，从市场、制度、政策等维度对中国改革开放以来房地产市场的演进做了全方位梳理，揭示了房地产市场长期繁荣和当下深刻调整背后的经济逻辑、制度逻辑、政策逻辑，并对未来房地产市场的供求变化，以及新发展模式的内涵、框架、实现路径和相关改革做了展望。

全书共分为五章。第一章为总论，概述了全书的基本结论。第二章为市场供求，全方位量化分析了改革开放以来房地产供求关系的变化以及演变趋势，揭示了供求变化背后的人口、城镇化、经济发展等重要因素的影响，剖析了房地产市场演变的经济逻辑。第三章为住房制度，从住房供应的产权、交易制度改革出发，全面梳理了改革开放以来我国房地产供应制度以及相关土地、财税、金融制度的演变历程，比较了不同国家住房制度的经验与教训，揭示了我国房地产长期繁荣以及风险累积背后的制度因素，剖析了房地产市场演变的制度逻辑。第四章为土地供应，分析了二元土地制度与二元住房制度的演变与特征，揭示了住房制度与土地制度的深刻关联，剖析了"以地促发展"土地财政以及土地金融模式的利弊得失，并对新模式下住房土地制度的改革路径进行了展望。第五章在前述住房市场供求变化、住房相关制度演变的基础上，对住房发展现有模式的问题做了全面梳理，并对住房发展新模式的内涵特征、实现路径以及相关配套改革做出展望。

全书的基本结论是，改革开放以来，我国住房制度经历了从福利公房向市场化改革的巨大转变。在住房产权私有化、住房供给货币化、住房建设社会化等制度变迁以及城镇化和经济快速发展的共同推动下，我国住房供给已极大改善，房地产成为国民经济的重要支柱产业和居民财富的重要载体。同时在住房土地单一供给制度以及财税、金融等相关要素的加持下，房地产价格逐步脱离了真实供求关系约束，长期持续快速上涨，居住需求持续透支，投资需求持续上升，风险持续累积。

当前，我国住房市场供需关系已经发生根本性变化。一方面，不同城市、不同人群的结构性不均衡问题逐渐凸显，新增刚性需求仍然可期；另一方面，住房供给的主要矛盾，正在从"有没有"向"好不好"转变，改善性需求更为可观。从满足人民群众美好生活需要出发，未来促进房地产持续健康发展，仍将是经济高质量发展和共同富裕目标的重要方面，房地产仍将是国民经济的支柱产业和居民财富的重要组成部分。从加快建设多主体供给、多渠道保障、租购并举的住房新模式出发，在住房供应上，需要构建"以市场为主满足多层次需求、以政府为主提供基本保障"的双轨住房供应体系；在土地供应上，需要在"地随人走"的总原则下，构建国有征地和集体建设用地入市并存、增量和存量来源并重、批租与年租供应方式并举的多层次分类供应体系；在财税制度上，需要在未来统筹央地财政关系的改革中，加快健全与土地供应方式优化以及房地产供求变化相适应的土地财政模式；在金融制度上，需要适应房地产供求形势变化和分类供给的住房制度，健全与房地产全生命周期、全经营方式相适应、商业性金融与政策性金融协同发展的多层次房地产金融体系。

中国财富管理 50 人论坛课题组
2025 年 6 月

目 录

前　言·I

第一章　总论：独具特色的中国住房市场

第一节　中国住房市场现状·003

第二节　中国房地产发展模式存在的问题·013

第三节　中国房地产的新发展形势·020

第四节　深化中国住房制度改革的建议·025

第二章　市场供求：中国住房市场的供求现状与趋势

第一节　改革开放以来中国住房市场的发展·043

第二节　当前中国住房市场的供求状况·054

第三节　中国住房市场的长期影响因素与未来趋势·091

第三章　住房制度：中国住房制度的演进、得失与改革

第一节　中国住房的分类及制度界定·115

第二节　中国住房制度的演进・117

第三节　中国住房制度改革的成效与问题・130

第四节　境外住房制度的经验与教训・143

第五节　坚持和深化中国住房制度改革的建议・154

第四章　土地供应：中国住房土地供应制度的演进、挑战与改革

第一节　二元土地制度与二元住房制度的演变与特征・163

第二节　中国城乡住房土地制度面临的挑战・176

第三节　新模式下住宅土地制度的改革・204

第五章　未来模式：中国住房新发展模式的内涵、框架与路径

第一节　中国传统住房发展模式存在的问题・217

第二节　中国住房新发展模式的内涵・219

第三节　中国住房新发展模式的框架探索和实现路径・223

第四节　以改革促进构建中国住房新发展模式・227

中国财富管理 50 人论坛课题组名单・237

第一章

总论：独具特色的中国住房市场

自 1978 年改革开放以后，特别是 1998 年以来，我国正式启动住房商品化改革，房地产市场得到快速发展，在短短 20 多年内基本解决了住房总量严重不足的问题，也为我国快速城镇化和经济腾飞提供了有力支撑。在这个过程中，由于住房、土地、金融、税收等长效机制难以随市场快速发展而同步完善，房地产投资属性和房企流动性风险渐增。随着人口和城镇化等增速收窄，房地产旧模式的增量空间受限，难以为继，亟须向新发展模式稳妥过渡。

本章从我国住房市场现状出发，综合研判我国房地产市场供给与需求情况，认为我国住房市场供需关系已经发生根本性变化，主要矛盾从住房"有没有"转变为"好不好"，结构性不均衡问题逐渐凸显。为更好满足人民群众对美好生活的需要，促进房地产、金融与实体经济良性循环健康发展，服务于经济高质量发展和实现共同富裕的目标，从当前我国房地产深层次、根本性问题出发，房地产新发展模式应当抓住住房和金融两个关键点，同步推进财税、土地等配套制度改革：加快建设多主体供给、多渠道保障、租购并举的住房市场，构建"以市场为主满足多层次需求、以政府为主提供基本保障"的住房供应体系；建立健全与房地产全生命周期相适应、商业性金融与政策性金融协同发展、多层次的房地产金融体系；建立健全房地产税、土地供给等行业基本制度，形成市场化、法治化的长效调节机制。

第一节　中国住房市场现状

住房商品化改革以来，伴随经济高速增长，我国住房市场迅猛发展，基本解决了住房总量严重不足的民生问题，也有力支撑了世界上规模最大、速度最快的城镇化进程。从套户比、人均面积等指标看，当前我国住房市场基本实现了总量上的供需平衡，居住品质明显改善。但由于城乡之间土地供给、住房开发建设模式不同，城镇化过程中遗留了较大规模的城中村和坐落其中的小产权房，同时区域和城市之间经济发展、人口增量水平不一，住房供需关系结构性差异巨大，多重因素共同塑造了我国独具特色的住房市场。

一、需求端

住房的基本功能在于提供居住空间，人口总量增长与结构变化是决定基本住房需求的关键变量。2020 年，我国人口①共计 14.12 亿人，城镇常住人口 9.02 亿人，城镇化率达 63.89%。过去 10 年，家庭小型化、人户分离和"城城流动"成为人口结构和区域变化的新特征，尤其是部分地区的人口萎缩，给我国住房市场转型发展提出了新的挑战。

第一，人口总量增速放缓，老龄化程度加深，影响未来住房新增需求的规模与结构。近年来，我国人口总量增速放缓，出生率创新低。2020 年第七次全国人口普查数据显示，全国总人口 14.12 亿人，过去 10 年年均增长率为 0.53%，保持低速上涨态势。2020 年，人口出生率首次跌破 10‰，人口自然增长率仅为 1.45‰，两个指标均创下 1978 年以来的新低，出生人口面临持续下滑压力。同时，受生育率超预期下降和人口平均预期寿命延长的影响，人口老龄化程度进一步加深。2020 年，65 岁以上人口占比达到 13.5%，我国即将进入深度老龄化社会（标准是 65 岁以上人口占比达到 14%），对住房的适老化需求增加。

第二，家庭小型化和代际居住分离，产生增量住房需求，居家养老扶幼能力减弱。受人口流动日趋频繁、住房条件改善等的影响，我国家庭户总数显著增加，户均人口数加速减少，增加了对小户型和多套住房的需求。2020 年，全国共形成 5.23 亿户，其中家庭户 4.94 亿，较 2010 年增长 22.94%。家庭户每户 2.62 人，较 2010 年减少 0.47 人，其中，一人和二人户占比从 38.9% 增至

---

① 全国人口是指大陆 31 个省、自治区、直辖市和现役军人的人口，不包括居住在 31 个省、自治区、直辖市的港澳台居民和外籍人员。

55.07%，五人户及以上占比从16.66%降至10.76%。户均人口规模的缩小趋势加快，代际同住比例减少，家庭规模的小型化和家庭结构的扁平化一定程度上弱化了传统的居家养老扶幼能力，提高了社会化服务需求。

第三，流动人口规模持续增加，既增加了多住所和租赁需求，也导致部分住房利用率下降。与城镇化相伴相生，我国人户分离[①]群体规模不断扩张，2020年增至4.93亿人，较2010年上涨88.52%，占总人口的34.90%。人户分离人口包括城市内市辖区人户分离人口和地区之间迁移的流动人口。2020年，市辖区人户分离人口增至1.17亿，较2010年增长192.66%；地区之间流动人口3.76亿，增长69.73%。3.76亿流动人口中，除了传统的"乡城流动"（占比66%），"城城流动"人口规模大幅增长，超过8 200万。[②]流动人口的多栖化住房选择会长期存在，既会放大住房市场需求，又会导致农村和小城镇等原居住地住房空置，降低住房资源利用效率。

第四，人口向都市圈和高等级城市集聚，住房需求区域分化明显。经济发展和收入水平差异驱动人口迁移，过去10年常住人口净增加的地区主要集中在核心城市群。珠三角、长三角、成渝和京津冀城市群的人口增量分别达到2 182万、1 690万、695

---

① 人户分离是指，居住地与户口登记地所在的乡镇街道不一致且离开户口登记地半年及以上。
② 若将从农村到城市A再到城市B的常住人口计入"城城流动"而不是纳入目前统计中的"乡城流动"，"城城流动"的占比更大。

万和607万，约占全国新增人口的七成。① 流入地主要包括3个直辖市（北京、上海和重庆）和4个副省级城市（深圳、青岛、厦门和宁波），以及16个省会城市。2010—2020年，东北三省、山西、内蒙古和甘肃的人口绝对值减少，同时我国343个地级市中有150个出现人口收缩，人口共减少4 051.4万。人口流失后可能出现的产业下滑、区域性房地产市场低迷和风险问题值得关注。

二、供给端

"98房改"以后，受住房需求持续扩张的影响，我国住房市场进入快速发展阶段。20年间，全国住房总面积翻倍，住房品质明显改善。但在城乡二元结构下，我国城乡住房市场差异显著，还存在规模庞大的城中村和坐落其中的小产权房，形成非正规住房市场。

第一，全国城镇住房总量3.56亿套，商品房占比超过六成。根据笔者的测算，2020年全国住房总面积达567亿平方米，总套数增至5.96亿套②，分别较2000年增长107%和67%；其中，城镇住房总面积从92.31亿平方米跃升至308.22亿平方米，达到

---

① 参见金浩然、戚伟：《以七普数据管窥我国城镇住房发展趋势》，《中国房地产》，2021年第36期。
② 笔者在2000年、2010年、2020年三次人口普查及住建部门等相关官方披露数据的基础上，结合国家统计局、中国人民银行、国家卫生健康委员会（原国家卫生和计划生育委员会）等相关抽样调查数据，对全国及城、镇、乡村的住房存量、人均住房面积、户均套数等指标进行综合测算。

3.56亿套。此外，根据住房产权性质，城镇3.56亿套住房中，商品住宅占比55.5%，自建房占比29.3%，已购公房占比9.5%，公租房（含廉租房）占比5.4%，剩余0.3%为其他住房。考虑到部分已购公房已经转变为完全产权的商品住房，商品房总占比超过六成。

第二，住房品质明显改善，居住服务仍待完善。随着2007年后棚户区拆迁和老旧城区改造的迅速推进，存量住房品质明显提升。截至2020年，全国65%的家庭户居住在房龄20年以内的住房中，14%的家庭户居住在房龄超过30年的住房中；家庭户均面积得到较大提升，全国37.8%的家庭户居住在130平方米及以上的住房中，比2010年增长16.2个百分点。同时，城镇住房成套率达到95%以上，但乡村居住配套相对较差，21.3%的房屋缺少洗澡设施。此外，全国仅19.7%的家庭户居住在有电梯的住房中，城市也仅达到36.7%，也就是7层及以下住房基本未配备电梯，适老化水平相对较低。

第三，租赁市场以个人房源散租为主，机构渗透率低。1998年以后，我国推进住房商品化改革，以购为主的住房制度迅速形成和强化，居民购房需求和意愿始终处于高位，绝大部分存量住房由个人持有。笔者测算，2020年我国用于租赁的住房约8 000万套，其中超过七成（5 700万套）为个人散租房源，政府管理的公租房约占24%，剩余集中式和分散式长租公寓房源占比不足5%。也就是说，我国租赁市场机构化渗透率不足5%，即使在一线核心城市，机构管理运营的租赁房源也不到20%，远低于美国由专业机构持有运营和机构托管的房源，美国占比为54.7%，德国为46.0%，日本为83.0%。①

第四，住房保障体系以实物保障为主，租赁类保障房占比较低。我国住房保障体系伴随住房制度改革和快速城镇化不断发展，形成实物保障和住房补贴两种形式，但以实物保障"补砖头"为主。2020年，全国公共财政支出——住房保障支出中，保障性住房租金补贴支出45.01亿元，占比1.44%。根据住建部等部门的公开数据，截至2020年，我国共建设保障性住房约9 000万套，其中，产权类的棚改安置房和经济适用房分别建设约5 200万套和1 590万套，共占比75%，公租房（含廉租房）共建设约1 900万套，占比21%。

三、供需匹配状况

经过"98房改"后20多年的快速发展，现阶段我国住房供需主要矛盾已经从总量短缺转化为结构性不均衡和发展不充分。与此同时，在房价长期上涨的条件下，住房的不均衡和不充分也衍生出居民个人居住条件和住房财富水平、城乡二元和区域发展的不均衡，以及租赁市场发展滞后，保障性住房区域性房源不足与过剩并存等问题。

---

① 参见贝壳研究院：《从国外发展看，住房租赁企业模式走向何方》，2022年9月。

第一，住房矛盾从总量短缺转变为结构性不足，从追求"有没有"转变为追求"好不好"，改善空间仍然较大。2020年，全国人均住房建筑面积达43.80平方米，户均1.24套，其中，城镇人均38.02平方米，户均1.17套。[1]有机构数据显示，总体来看，我国已经彻底改变了改革开放初期城镇人均住房面积仅6.7平方米的窘境，套户比高于德国的1.02和英国的1.03，也超过了美国的1.15和日本的1.16，住房总量短缺矛盾已经得到根本缓解。但从实际使用面积来看，2020年我国城镇人均住房使用面积仅28.52平方米（按照建筑面积的75%换算），与其他国家相比有一定差距[2]，且物业服务薄弱，改善空间较大。

住房资源分布不均衡也成为现阶段我国住房市场的突出特征，主要体现在多套房、空置房与住房困难群体并存的现状。根据中国人民银行的《2019年中国城镇居民家庭资产负债情况调查》，2019年四成城镇家庭拥有两套以上住房，不同机构测算的住房空置率也在12%~22%[3]。同时，不同家庭人均住房面积差异显著，29.52%的城市家庭人均住房建筑面积大于50平方米，但也有39.54%的城市家庭人均住房建筑面积不足29平方米。还有众多新市民在工作城市无自有住房，或职住位置不匹配导致住房

---

[1] 数据口径：涵盖家庭户和集体户。
[2] 东亚的韩国和日本的人口密度（每平方千米人数）分别是我国的3.66倍和2.38倍，但人均住房使用面积分别达到29.2平方米（2019年）和39.5平方米（2018年），分别比我国高出0.68平方米和10.98平方米。
[3] 具体为：西南财经大学报告显示2017年全国住房空置率为21.4%；中金公司报告显示2017年狭义住房空置率为12.1%，广义住房空置率为16.9%。

困难，居住在工作场所等类住宅[①]的人口（除近 4 000 万名在校生）约有 7 300 万人。

第二，区域性不均衡，部分大城市人均住房面积仍相对较小，但住宅用地供给增量空间有限，更加依赖存量盘活。重点都市圈和区域中心城市持续吸引人口流入，新增住房需求不断增加，但受政府供地政策影响，住宅用地供给反而相对较少，且由于土地资源有限，新增住宅用地空间逐渐收窄并且日趋偏远，更需要盘活存量从而尽可能维持职住平衡。从城市家庭户人均住房建筑面积角度来看，全国均值为 36.5 平方米，广东不足 30 平方米，而河南等地大于 41 平方米。同时，部分三、四线城市住房资源相对充裕，待售房屋库存压力较大。例如，2017—2020 年，部分城市住宅销售面积连续 3~4 年负增长，库存去化周期超过 2 年，新房售价连续下调，住房市场区域分化加剧。

第三，城乡住房二元结构下，农村存量房利用率不断下降。我国城镇住房兼具消费和投资属性，住房市场发展迅速；而农村住房由于尚未启动市场化改革，仅有成本价，无市场价，在很大程度上只发挥了居住功能。人口流动在事实上未能带来城乡土地和住房资源的优化配置，反而不断加剧人口与住房城镇化的失调。2020 年，我国常住人口城镇化率（64%）显著高于城镇住房总面积占比（54%），两个指标之间的差距从 2000 年的 2% 扩大至 10%。人房错配之下，我国城镇住房或供地的结构性短缺和农

---

① 集体宿舍、工棚、工作场所等非传统意义的住宅，统称为类住宅。

村宅基地资源浪费两大问题并存，随着城镇化的发展，这些问题预计还将不断加剧。笔者测算，我国农村住房空置率约为27%，共计6 586万套住房处于空置状态。①

第四，非正规住房成为城镇住房供给的有力补充，但存在诸多隐患。城中村在统计上被纳入城镇，但以村民在宅基地和集体建设用地上自建为主，多形成产权不完整的非正规住房。非正规住房主要用于租赁，以较低租金满足众多流动人口的住房需求，成为缓解城镇住房供需矛盾的有力补充。据卫计委2017年统计，在城中村居住的家庭平均月收入比在市区居住的家庭低16.5%，但其住房成本比市区家庭低55.2%。尤其是北京、广州、深圳等超大城市的城中村数量较多，例如，2022年深圳城中村自建房约580万套，占全市住房总量的51%，其中70%多用于租赁。但由于违建、环境差和不安全等，很多城市对城中村实施了拆迁改造，困难也较多。

第五，租赁需求明显分层，居住品质整体较差。租赁需求与城镇化和流动人口相伴而生，同时房价上涨和居民支付能力约束暂时将部分购房需求推向租赁市场。目前我国15%的人口居住在租赁住房中，比2010年增长3.05个百分点。但租赁人口尤其是农民工的居住品质较差。根据卫计委2017年数据，农民工人均住房建筑面积仅21.5平方米，约为全国均值的一半，尤其在大城市，农民工人均住房建筑面积仅17平方米，且住房配套设施和环境较

---

① 测算方法：基于住房总量，不考虑宿舍、工棚等类住宅以及多套房家庭的临时性居住需求，结合租赁、购买、自建等不同住房来源的数据进行测算。

差。同时，我国租赁需求显著分层。根据卫计委 2017 年数据，全国 73% 的流动人口的租金收入比低于 20%；在一线、新一线等 10 个重点城市中，超过 25% 的流动人口的租金收入比超过 30%。部分群体在一定程度上愿意为提升居住区位和品质支付更高的租金，说明未来我国租赁市场将呈现差异化发展的必然趋势。

第六，保障性住房区域性房源不足与空置并存。2021 年住房保障体系改革的重点是，通过保障性租赁住房的形式，不限制收入和户籍，覆盖约 3 亿规模的新市民和青年人。但由于土地落实难等，租赁保障需求集中的大城市普遍存在有效房源不足和轮候时间较长的问题。同时，配套设施欠完善和供需匹配性较低也导致部分房源空置。根据审计署发布的 2018 年保障性安居工程资金投入和使用绩效审计结果，6.06 万套公租房因消防验收不合格、配套设施建设滞后等建成 1 年后未达到交付使用条件，18.41 万套公租房因位置偏远等建成后空置 1 年以上，一定程度上反映出部分保障房空置的问题。

第二节　中国房地产发展模式存在的问题

过去我国房地产市场的快速发展逐渐形成了一定的模式。毋庸置疑，应当充分肯定房地产业的发展对快速解决我国住房供给严重不足的阶段性梗阻，以及改善居民生活条件和推动城镇化做出了巨大贡献，并且通过加速资本积累，充实地方财政收入，推动经济快速增长，也在投资、消费、信用派生和经济产出中占据重要地位。2022年，房地产开发投资达到13.29万亿元，占全社会固定资产投资的24.5%，意味着超过1/5的固定资产投资资金投入房地产业，对国民经济发展起到举足轻重的作用，房地产支柱性产业的地位不可否认。

与此同时，也逐渐积累了不少深层次问题。快速城镇化导致一段时间内住房供不应求，叠加房产持有环节税收低等因素，居民部门加杠杆早购房、多购房，市场逐渐形成房价刚性上涨预期，抵押品价值与信贷扩张形成螺旋上涨效应；同时，房企通过不规范的预售制度和提早发放的按揭贷款不断强化高杠杆、高负债和高存货模式，土地资本化水平提升，住房租赁和住房保障相对弱化，重开发轻服务、重产权轻租赁、重速度轻质量的不均衡发展成为房地产发展模式的主要问题。

一、房地产价格长期上涨

房地产兼具消费品和资产属性，价格受到经济发展、土地供给、人口和利率等宏观经济变量以及市场预期、投资投机等多重因素的影响，一段时间内价格小幅波动是正常现象。特殊的是，过去20年我国房价持续大幅上涨（特别是在部分大中城市），2000—2020年，全国房价均值年涨幅达8.61%，2020年全国均价超过万元。其中有人口增长和城镇化增加住房需求的原因，也有多套住房持有成本基本为零，购房后空置比重较高，投资倾向突出的原因。据央行调查统计司2019年报告，我国城镇居民家庭户均拥有住房1.5套。住房空置方面，2017年全国住房空置率为21.40%（见图1.1），远高于日本（2023年，14%）[1]、美国（2022年，出租房屋空置率为5.8%，自住房屋空置率为0.8%）[2]、德国（2019年，东部各州为8%）[3]等，锁定房屋所有权以获取资产增值收益的投资倾向突出。

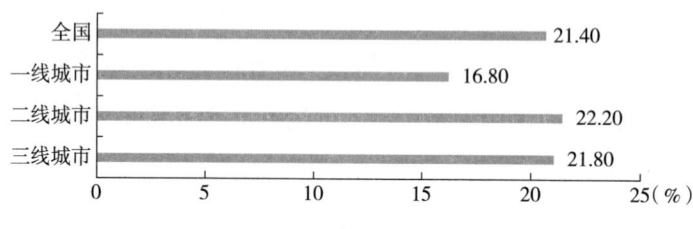

图1.1　2017年住房空置率

资料来源：西南财经大学，2017年。

---

[1]　参见日本总务省。
[2]　参见美国商务部普查局。
[3]　参见德国统计局。

二、房企高负债、高存货，资金链脆弱风险大

在我国特定的金融体系、政策环境以及行业背景下，房企前期没有动力通过股权融资稀释利润，后期因政策和市场变化，股权融资受限，主要通过债务融资完成拿地开发建设。2021年，房地产开发企业资产负债率均值为80.3%，偿债压力较大，资金链脆弱。在房价不断上涨的预期下，房企囤积大量土地，以期获得资产增值收益，风险控制意识和能力弱化。例如，恒大2010年存货只有500多亿元，2016年已经增加了10多倍，达到6 000多亿元，2018年突破万亿元，2020年超过1.4万亿元。一旦市场波动，海量库存无法周转，便容易引发流动性困境。房地产开发企业资产负债率分布情况如图1.2所示。上市房企的存货规模及增速情况如图1.3所示。

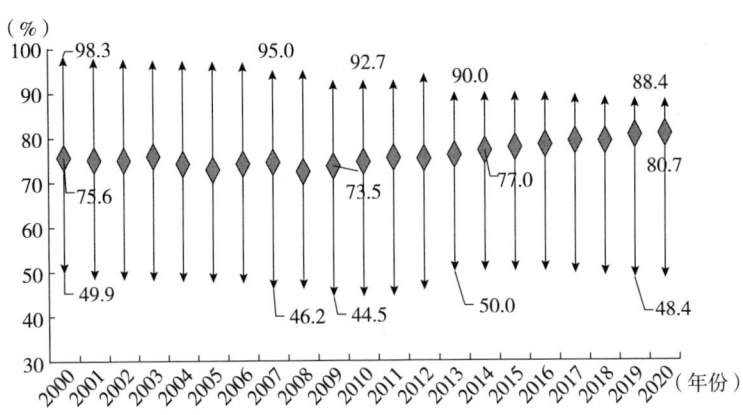

图1.2　房地产开发企业资产负债率分布情况

资料来源：国家统计局。

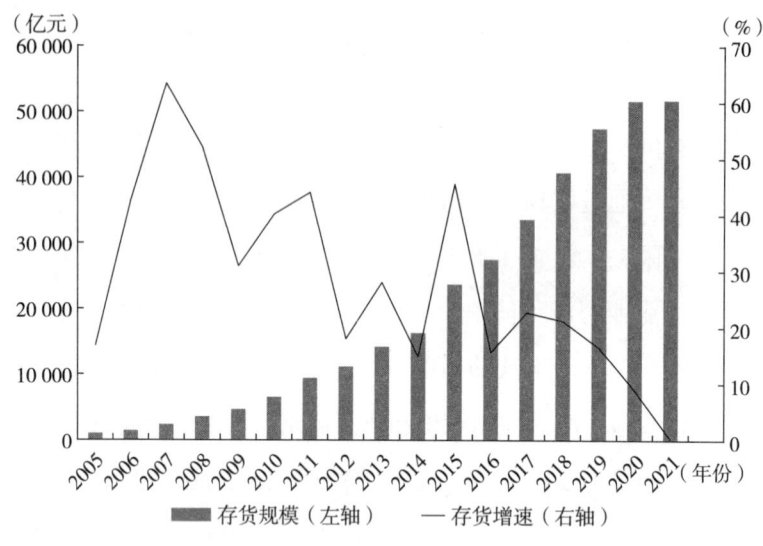

图 1.3 上市房企的存货规模及增速情况

资料来源：CSMAR 数据库。

三、不规范的预售放大土地资本属性，增加烂尾风险

我国目前仍以新房交易为主，预售占九成，预售款占房地产开发到位资金的一半。长期以来，预售资金监管等规则不明确且执行不力，房企违规成本几乎可以忽略不计，不规范的预售制度实际上成为房企高杠杆经营的重要融资渠道。房企普遍占用项目预售资金在集团层面形成资金池，违规用于购置土地、市场投资等。我国预售逐渐偏离销售方式的本源，衍生出非常强的融资属性。当市场下行、销售不畅时，部分房企在集团和项目层面同时爆发流动性风险，导致楼盘烂尾。重点监测 24 城的问题项目情况见图 1.4。

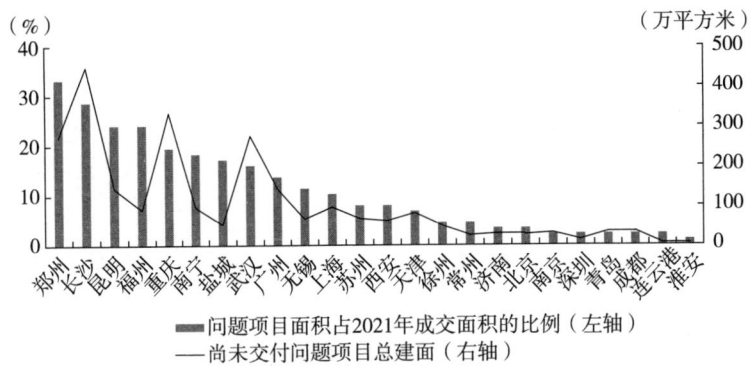

图 1.4 重点监测 24 城的问题项目情况

资料来源：克而瑞。

四、住房租赁与住房保障发展薄弱，住房结构失衡

购房与租房、市场与保障是满足居住需求的不同方式。长期以来，由于房价相对租金上涨幅度更高，我国住房租金收益率从 2014 年的约 3%一路下行（见图 1.5），一线城市租金收益率不足 1.7%，大幅低于 4%~6% 这一国际通常认为合理的水平，难以吸引长期资本介入，机构化、品质化、可持续的租赁业态尚未形成。同时，在住房商品化和"以房地产促发展"的旧模式下，住房保障制度不可避免地相对弱化，尤其是我国城镇化进程很快，住房保障体系难以同步建立。经过 20 年的发展，定向安置棚改房和产权型经济适用房共占保障性住房总量的 75%，对居民收入等要求低、保障功能较强的公租房等租赁型住房较少，结构稍显畸形。

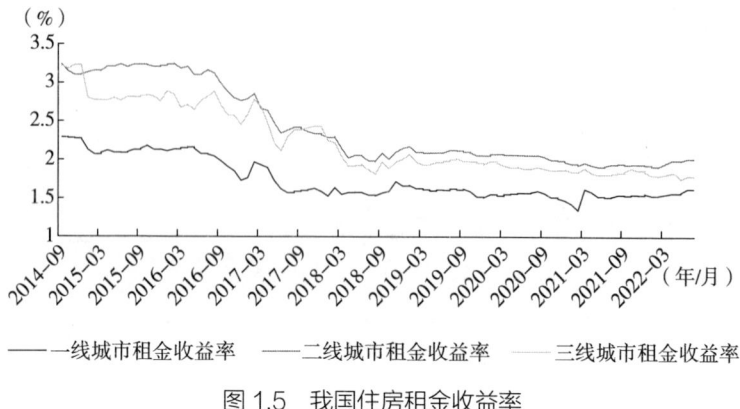

图 1.5　我国住房租金收益率

资料来源：Wind。

五、旧模式空间收窄，房地产风险累积，亟须转型

旧模式的关键是"以房地产促发展"（见图1.6），以土地和房产价格深度耦合、不断上涨为条件。2021年，土地财政的总盘子达到10.5万亿元，地方土地财政依赖程度增至51.0%。同时，我国金融系统广泛以房地产作为优质抵押物，且对于抵押贷款项下不动产价值评估主要遵循市场价值法。经济对房地产的依赖不断加深，形成内在托底地价和房价的激励，强化房地产投资投机行为，这也成为近年来房价不断上涨、产业出现空心化苗头、居民消费不振、经济转型较为困难的重要原因。目前我国住房市场已经发生深刻变化，主要矛盾从"数量短缺"转变为"结构和品质的不均衡"，以规模和速度见长的旧发展模式难以为继，亟须逐步化解风险，使经济、金融和社会摆脱对房地产的依赖。

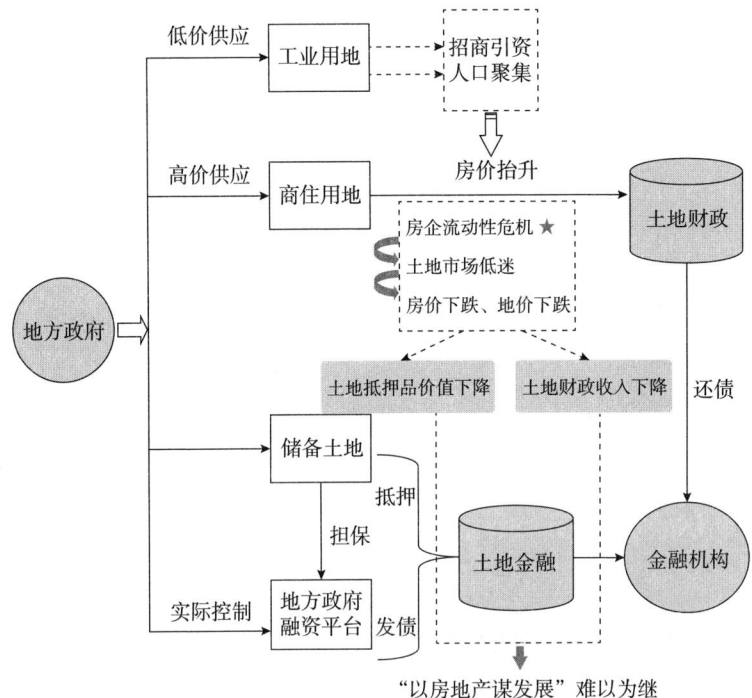

图 1.6 "以房地产促发展"模式示意

第三节　中国房地产的新发展形势

在住房严重供给不足的历史问题得到基本解决后,房地产的需求结构随之发生变化,顺应经济高质量发展的要求,推动住房消费升级和缓解住房资源的结构性不均衡,将成为房地产转型和持续发展的新动能。

一、房地产从增量时代逐步向增存并重、区域分化的阶段发展

住房具有显著的区位特征,总体上属于稀缺的社会资源,但归根结底仍然是用于满足人的居住需求。长期来看,人口数量和结构是影响住房市场规模和需求结构的重要因素。根据国家统计局每年1‰抽样调查数据[①]模拟人口与城镇化发展趋势,基于存量住房拆迁、新增刚性与改善性住房需求等情况,笔者测算得到2021—2035年我国将新增133.62亿平方米住房需求,年均住房需求为8.91亿平方米(见表1.1)。

---

① 本章除了分析人口总量变化趋势外,还重点考察人口年龄结构,以针对性地讨论不同年龄段的住房需求。因此,选用1‰抽样调查数据作为主要基础数据。

表 1.1　我国住房总需求预测

单位：亿平方米

时间	住房总需求	年均住房总需求
2021—2025 年	46.00	9.20
2026—2030 年	45.01	9.00
2031—2035 年	42.61	8.52
2021—2035 年	133.62	8.91

与此同时，过去 10 年常住人口净增加地区主要集中在核心城市群和高等级城市，未来住房市场区域分化将更加明显。随着新增住房需求的收窄，未来逐渐到了用好增量空间、更多盘活存量、提升居住品质、推动消费升级的时期，衍生出养老、旅游、休闲等多元化细分需求，以及与居住相关的上下游装修设计、智能设备、物业管理等，成为推动我国房地产转型和培养多元业态的新引擎。

二、租购并举和住房消费升级利好规范化、机构化、品质化租赁市场发展

住房消费升级既是居住品质的提升，也是交易形态的多元化，能推动房地产市场从"重购轻租"向"租购并举"转变。在住房"有没有"阶段，早买房、多买房成为众多消费者的理性选择；在住房"好不好"阶段，消费者则更倾向于享受包括住房在内的各种不动产的使用权，而使用权交易的主要形态就是租赁。

从深化供给侧改革、促进消费扩大内需、推动经济高质量发展的角度看，通勤、养老、旅居等多元化需求都可以而且更适合通过租赁而非买房的方式解决，租赁市场将获得更广阔的发展空间，这也有利于不断优化住房资源配置效率。

三、存量资产盘活将持续拓宽房地产资产运营和管理空间，推动房地产金融创新

在存量资产比重上升的阶段，依靠每期经营现金流获取长期稳定运营收益对房企日渐重要，此时具备资产管理能力、信誉和品牌认可度的专业管理人，是赢得投资者认可、满足消费者多元需求的重要保障。同时，为提升资产盘活效率，市场需要通过REITs（房地产投资信托基金）等不动产金融渠道，利用标准化和高频次交易，逐步建立起合理的资产价格发现机制，形成以稳定运营获取租金为核心的定价逻辑，满足更透明、更灵活的资产盘活需求，推动房地产金融创新。

四、为更好缓解住房资源结构性不均衡问题，需进一步提升住房保障效率

在高房价、高租金基数上，部分低收入群体通过市场化方式

购房或租房的难度不断增加。据易居研究院数据，2020年，我国房价收入比平均值为9.2，一线城市更高，远超国际上4~6的合理区间；据诸葛找房2019年数据，一线城市租金收入比接近30%。新阶段，补足住房保障的短板更加重要，也是缓解住房资源结构性不均衡、满足低收入群体居住需求的主要方式。未来如何进一步明确保障对象，丰富保障方式，适应相关人群住房需要，都是进一步提升住房保障效率的关键。

五、未来房地产仍是支柱性产业，但房地产转型将推动我国地方财政和经济金融发展模式的转型

由于房地产业规模大、链条长、涉及面广，其在各国的宏观经济中都占有重要地位，属于支柱性产业。尽管统计口径有差异，在美国等经济体存量房占主体的市场中，房地产出租、代理和经纪以及建筑业中的住宅建筑投资的增加值合计也占到GDP（国内生产总值）的13%左右。五大经济体房地产业占GDP比重见图1.7。房地产业的稳定健康可持续发展，对我国经济至关重要。

过去房地产业蓬勃发展的背后是我国"土地＋基建"的经济增长模式，未来新增住房需求和开发增量的下滑，必然减少地方政府的土地出让收入，进而影响过去我国在一定程度上以房地产作为投资"发动机"，拉动经济增长的发展模式；资产价格波动

和存量风险的逐步出清,也会改变以不动产作为优质抵押物的金融系统,推动房地产金融体系的优化升级。

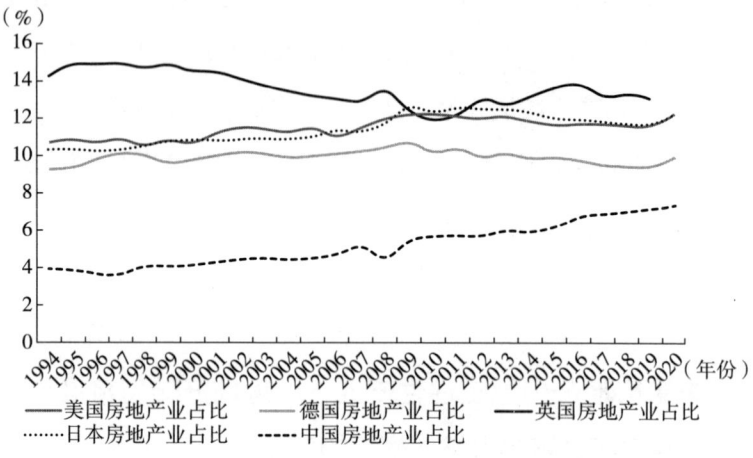

图 1.7 五大经济体房地产业占 GDP 比重

资料来源:国家统计局,泽平宏观。

第四节 深化中国住房制度改革的建议

为更好满足人民群众对美好生活的需要,促进房地产、金融与实体经济良性循环健康发展,服务于经济高质量发展和实现共同富裕的目标,从当前我国房地产深层次、根本性问题出发,应当抓住"两多一并"的住房制度以及多层次的房地产金融制度这两个关键点,同步推进财税、土地等配套制度改革。基本思路如下。

第一,加快建设多主体供给、多渠道保障、租购并举的住房制度(即"两多一并"住房制度,见表1.2),构建"以市场为主满足多层次需求、以政府为主提供基本保障"的住房供应体系。

表1.2 "两多一并"住房制度

供应体系	住房类型（租购并举）	多主体供给	多渠道保障	聚焦人群
市场化住房	商品住房	市场化开发商、个人业主（二手房）	招拍挂供地为主	中高收入人群
	市场租赁住房	个人业主、公寓运营商	个人房源,宅地配建,农村集体经营性建设用地,存量资产盘活等	大学毕业生等享受住房补贴的群体

续表

供应体系	住房类型（租购并举）	多主体供给	多渠道保障	聚焦人群
保障性质产权住房	共有产权住房	地方政府为主或相关代持机构	招拍挂供地、国企闲置土地盘活等	符合政策要求、首次置业的"夹心层"
保障性质租赁住房	公共租赁住房	保障性住房建设公司	农村集体经营性建设用地，社会房源转化	低收入人群
	保障性租赁住房	地方政府为主或相关代持机构	招拍挂供地、国企闲置土地盘活等	新市民、新就业职工

资料来源：秦虹，中国人民大学国家发展与战略研究院，《中国金融》2022年第22期。

第二，建立健全与房地产全生命周期相适应、商业性金融与政策性金融协同发展、多层次的房地产金融体系，更好满足居民住有所居的住房需求，以及企业和居民多样化的不动产空间需求，促进房地产、金融与实体经济良性循环健康发展。

第三，建立健全房地产税、土地供给等行业基本制度，逐步以税收、金融等手段替代限购、限售、限价等行政性措施，形成市场化、法治化的长效调节机制。

一、多主体供给

多主体供给是新型住房制度在住房供给主体方面的基本要求，旨在打破以地方政府和房地产企业为市场土地和住房单一供应者、以商品房为销售主体的传统供给结构，核心是充分发挥政府、企业、社会组织等各类主体的作用，优化调整增量住房结构，盘活规范存量住房市场，实现住宅建设用地和住房的多主体、多渠道供应。

第一，多主体供房。针对商品房、市场化租赁住房、保障房等不同住房形式，参与主体包括政府、企事业单位、农村集体组织、房地产开发企业、住房租赁经营机构、机构投资者和个人等，旨在打破房企垄断住房开发的模式，允许具备住房建设需求的机构在符合规定的情况下参与住房供给体系。

第二，多主体供地。一是推动完善以城市政府供给国有土地使用权、农村集体经济组织供给集体土地使用权、企事业单位供给自有土地使用权等多主体、多渠道的土地开发模式；二是鼓励各类机构以自有土地与具备资质的房企等合作，通过委托代建、合作建房等多种方式开发建设住房项目。

第三，盘活城市低效用地，提高存量用地使用效率。一是推动"工改租""商改租""非改居"等改造模式，促进存量资产与租住需求的有效对接，整合资源，缓解城市住房矛盾；二是推动城市低效工业用地和开发区重整，腾出空余土地由政府以一定溢价收回，或给原使用权人留用一定比例商住用地后，将剩余土地由土地储备中心收储和出让。

二、多渠道保障

多渠道保障旨在增强住房保障实现方式的多样性和灵活性，如支持居民合理自住购房需求，通过发展货币化租赁补贴支持下的租赁住房，因地制宜地发展共有产权住房等方式丰富公共住房体系，从而真正建立起"高端有市场、中端有支持、低端有保障"的多层次住房供应体系。

第一，严格界定困难群众和"夹心层"等住房保障对象。住房保障领域存在较大寻租空间，必须更加突出政府责任，严格界定住房保障对象，包括纳入低收入群体、新市民和大学生以及广义的高房价背景下"夹心层"的具体标准。

第二，多渠道筹集保障资金。一是中央财政加大住房保障建设和租金补贴投入，可以发行住房保障长期专项债券提供长期限资金；二是严格落实地方政府土地出让净收益用于保障性住房建设不低于10%的政策要求；三是基于公租房、保租房等未来租金收益权创新金融产品，丰富融资渠道。

第三，综合运用实物与货币化补贴，多渠道实现保障目的。一是政府加大金融、财政、税收等支持力度，合理增加货币补贴——"补人头"比重，调动市场化房源满足租赁需求；二是建议允许企事业单位在营业支出中税前列支一定比例资金作为支持青年员工租赁住房的补贴；三是综合运用"租赁＋产权＋先租后售"形式，对于房价高、人口流入多的大中城市，以低于市场租金的保障性租赁住房和公租房为主，通过先租后售的制度安排缓解新市民住房困难问题；四是对于房价相对不高的二、三、四线城市，可以适当增加产权型保障房。

第四，加强住房保障制度建设和监管。一是出台住房保障相关法律、法规和制度文件，清晰界定有关概念和规则，必要时可以通过单项文件方式陆续发布，落实中央和地方及有关部门责任；二是加强对住房保障规划、建设、申请、准入、使用、变更、退出等全流程的监督和管理，严厉惩处骗取补贴等违法违规行为。

三、租购并举

租购并举作为新住房制度的核心，近年来获得诸多政策支持，但真正落地仍遇到不少难点，主要体现在不规范的预售制度，以及政策积极倡导和鼓励的正规化、机构化租赁企业普遍面临成本高、项目区位优势不突出、商业模式难以持续的问题，同时城中村、"二房东"、类住宅等原生租赁模式因租金低廉满足了众多居住需求。未来如何制定科学的住房政策、推动行业高质量发展，是实现租购并举的关键。

第一，制定科学的住房政策，引导社会合理住房消费，构建科学的阶梯式住房需求实现模式。一是在房地产发展中，科学区分住房和非住房产业政策，住房要突出民生属性，在各方面政策上强化监管、规范和支持；对于非住房业态减少政策的不当干预，鼓励其更加多元化、市场化、法治化发展，以更好满足多种类型的空间需求。二是针对各地住房供需关系的巨大差异性，制定既保持原则和基准的统一，又兼顾各地实际、分层次的住房政策目标，包括妥善处理购与租、市场与保障、首套与改善等的关系。在降低交易成本、提高交易效率、保障公平性和普惠性的原则下，系统完善住房、金融、税费、土地等一系列制度政策和市场建设，构建适应不同的城市特征和居民需求，从租房、首套购房到改善型购换房的阶梯式住房需求实现模式。

第二，完善预售制度，严格监管资金使用。一是加强预售准入管理，发放预售许可证之前要求房企提供证据或担保，表明其有足够的资金完成后续项目建设直至交付。二是推动预售资金监管由"行政监管"向"市场化监管＋政府监督服务"转变，逐步建立"第三方监管＋银行资金托管"的监管框架，可以考虑发展预售资金监管服务信托，监督项目进度，落实分期付款规则。三是制定兼顾购房人、房企等各方合法权益的交易机制，降低期房烂尾、延期交房等维权成本。四是提高违规成本，包括但不限于大幅提高房企违规挪用资金的罚款额度，对于监管方或房企虚构建筑进度的，对有关违规责任人进行罚款或拘留等处罚。

第三，完善租赁用地、税费和金融支持政策，加快机构化、规模化租赁企业发展。一是针对人口流入多、租赁需求旺盛的城市，地方政府要单列租赁住房用地计划，加大租赁用地占比；二是简化和流程化"工改租""商改租"等操作标准和审批手续；三是新建租赁土地可以根据未来租金收益倒算出让底价，允许拿地企业分期支付土地价款；四是对个人委托机构出租方式实施税费优惠，从而鼓励个人委托住房租赁企业长期出租住房；五是鼓励商业银行向住房租赁企业发放长期限的长租房建设和经营性贷款，享受普惠金融支持政策。

第四，依托租赁备案，逐步推进租赁赋权。一是扩大"承租人可按照国家有关规定凭登记备案的住房租赁合同等有关证明材料申领居住证，享受相关公共服务"[①]的试点城市范围，推进全国落实租赁备案；二是分阶段、分步骤消减租房人与购房人在公共服务权利上的差别，坚持"实际就近居住"的公共服务配置原则，最终使租购住房人在享受公共服务上具有同等权利；三是过程中避免贸然推进租赁赋权可能引发的由"为住租房"变成"为权住房"，抑制投机性租房和投机性出租行为。

第五，推动城中村等非正规租赁住房走向正规化管理。一是城中村改造要更加尊重现实，探索既能促进城中村基础设施与公共服务改善，又能保留城中村对流动人口容纳能力的模式；二是可以尝试在不需要拆除重建的地段，通过自行改造或公私合作改造逐步降低建设密度，完善基础设施；三是在经过一定出租年限、符合改造标准、补缴税费与公益用地后逐步赋予大产权，形成政府、原土地权利人、外来人口乃至开发商等多主体的利益分享机制。

---

① 参见住房和城乡建设部等九部委于2017年联合出台的《关于在人口净流入的大中城市加快发展住房租赁市场的通知》。

第六，加快住房租赁市场立法，加强住房租赁市场监管。一是尽快出台有关规章条例，明确住房租赁企业的设立条件、运营服务、租金管理等规则，明确住房租赁兼顾各方权益，适当倾斜保护承租人利益；二是通过财税、监管等措施，鼓励当事人签订长期合同，适当限制出租人单方解除合同的权利，保障合同稳定性；三是加强住房租赁流程的科技支持、交易监管和信息公开，稳定和引导市场预期。

四、构建多层次房地产金融体系

针对当前我国房地产金融体系偏重住宅开发建设和交易环节，以及在效率、公平、安全等方面存在的问题，需要建立健全与房地产全生命周期相适应、商业性金融与政策性金融协同发展、多层次的房地产金融体系，更好满足居民住有所居的住房需求，以及企业和居民多样化的不动产空间需求，促进房地产、金融与实体经济良性循环、健康发展。短期重点在于，个人端改革按揭、住房储蓄等制度，逐步健全以商业按揭为主体、以住房公积金和住房储蓄为辅的个人住房金融体系；企业端引入各类长期资本发展专业化、机构化的市场主体，通过REITs、抵押支持证券（MBS）等资本市场机制有效盘活存量，稳妥化解处置风险，培育房地产新业态，激活经济新动能。中长期逐步建立与我国房地产新模式和新金融体系相适应的房地产金融制度，更好满足多主体房地产全生命周期资金需求，推动房地产转型升级和经济高质量发展。个人住房金融制度改革对居民、房企和金融机构等各方影响甚大，应进一步深入研究，稳妥推进，必要时可以选择部分典型城市和银行先行试点。

第一，健全以商业按揭为主体、以住房公积金和住房储蓄为辅的个人住房金融体系。我国个人住房金融体系包括商业按揭、公积金和住房储蓄三个方面，实践中已暴露出房贷门槛和成本相对较高、互助金融资金运用效率低、不公平等诸多问题，需要系统改革，更加公平合理地规范各方权利和义务，更好满足居民对美好居住生活的需要。

一是完善个人按揭制度，公平配置当事人的责权利。从国情出发，借鉴发达国家成熟经验，加快住房按揭立法，系统完善我国个人住房按揭制度，合理配置银行、房企和购房人/贷款人的权利和义务，建立风险收益平衡机制，包括但不限于：鼓励金融机构在遵守政策底线和有效管控风险的前提下，根据客户实际，推出更加丰富的按揭贷款产品，可以在贷款利率、期限、还款方式、首付比例等方面进行一定调整；主要根据银行成本收益和客户信用等因素合理确定按揭利率，适当降低居民购房成本；通过担保、保险、财政等金融工具和政策手段，在贷款利率、首付比例、还款方式等方面，对新市民购买首套自住房等政策扶持领域给予支持。

二是稳步推动住房公积金制度改革。我国住房公积金制度本质上是房改金融，随着房改过渡期的结束，住房公积金扮演的角色逐渐向商业按揭趋同。但由于公积金实缴职工数量庞大，管理人员和机构数量众多，情况相对复杂，应坚持审慎稳妥的原则，待时机成熟后有序推进实质改革。

三是作为个人按揭的有益补充，改革住房储蓄制度并创新中国特色的住房互助金融模式，重点在三、四线城市和农村推广发展。与我国部分大中城市人口集聚、房价和房价收入比偏高等不同，我国绝大多数三、四线城市，特别是县城和农村房价收入比相对合理，住房市场长期预期稳定，为住房储蓄制度的发展提供了天然的土壤。住房储蓄作为互助金融，结合个人、社会和政府的多方力量，是按揭贷款（商业性个体金融）的有益补充，再加上住房公积金支持，三者协同发展，能够有效提升居民，特别是中低收入以及收入不稳定居民的信用以及购房支付能力，降低购房负担，有助于促进以县城为重要载体的新型城镇化与乡村振兴战略的有机融合，推动房地产多种形态发展转型。住房储蓄定位于三、四线城市和农村地区，可以为广大县城（镇）及农村居民购买新房、更新翻建存量住房提供资金融通，能够引导并激活我国县城（镇）住房需求，解决我国房地产转型期需求不足的问题。此外，住房储蓄可与农村宅基地改革相结合，探索建立农业转移人口退出农村宅基地与住房储蓄财政补贴、利息优惠相挂钩置换的机制，通过住房储蓄促进农村宅基地改革，促进乡村振兴，推动实现共同富裕。与此同时，推动住房储蓄与商业银行开展联贷合作。住房储蓄能够提供的资金往往占20%，大部分资金还需要商业银行体系支持。例如，在德国，住房储蓄和储蓄机构、抵押银行、商业银行联动运营，任何一家金融机构都能为客户提供一揽子金融服务，从而降低交易费用。因此，可以考虑由我国唯一的住房储蓄银行——中德住房储蓄银行（成立于2004年）在国家政策的支持下，作为建立健全中国特色个人住房金融体系的重要组成部分，先行先试深化改革，提出可推广适用的可行方案。

第二，加快发展资本市场机制，盘活存量发展新业态。当前我国房地产融资以银行贷款为主、不断加杠杆的融资模式面临较大的流动性风险，难以适应未来新发展模式要求。建议系统推进房地产和金融制度建设，以REITs、抵押支持证券等资本市场机制对接长期资金盘活存量资产，提高实体企业和金融机构的经营质效，激活经济新动能。

一方面，按照国际通行标准完善制度，加快发展REITs。REITs是国际通行的金融制度和金融产品，对于当前盘活房企和地方政府存量资产、激活经济新动能、培育房地产新业态等具有重要作用，也是将来我国经济金融体系中资产定价、资源配置、房地产周期管理、基础设施建设等非常重要的"锚"。要从完善基础性金融制度的高度，系统借鉴境外成熟市场REITs的规则和实践，尽快设计符合我国房地产市场和金融体系实际的REITs机制。主要包含三方面：按照"受托人＋管理人"的国际通行架构，设计我国契约型REITs，并明确为与股票、债券、证券投资基金、资产支持证券（ABS）等并列的独立证券品种（现行公募基础设施REITs试点属于套用"基金＋资产支持证券"交易架构），完善相关法律规则，稳步推进公司型REITs，为投资者提供多样化选择；私募与公募并重，针对当前房企自持以及基础设施等大量成长期项目，通过私募方式培育市场和业态，成熟项目直接通过公募REITs上市交易；聚焦房地产转型升级和经济高质量发展，稳步扩大基础资产范围，当前重点宜覆盖租赁住房、酒店、商场、写字楼、养老等房企自持资产和转型方向，以及各类企业持有的新老基建等不动产。

另一方面，大力发展抵押支持证券。抵押支持证券将个人住房按揭贷款、商用物业抵押贷款等基于不动产的长周期非标资产转化为流动性强、风险低的标准化资产，已成为美国继国债之后的第二大固收产品。从美国经验来看，发达的抵押支持证券二级市场对于提高金融机构资产流动性，进而提高金融体系对于实体经济服务质效、丰富资产管理产品体系意义重大。当前，抵押支持证券在我国发展资产管理市场、解决住房问题、深化金融改革和对外开放等方面可以发挥重要作用。建议抓住当前的有利时机，从中国实际国情出发，并系统借鉴境外资产证券化发展经验，配套完善制度机制，加快发展全球最大的不动产金融市场。

第三，建立政策性住房金融机制，加强住有所居金融支持。一是成立专门的信贷资产证券化机构。美国的抵押支持证券是一个高度发达和角色细分的庞大市场，房利美和房地美（简称"两房"）收购长周期的非标产品并打包为标准化产品，通过担保进一步注入政府信用，系统地降低了市场交易成本，有力支撑了从居民和企业借款人、产品发起机构到投资人的房地产投融资全流程。"两房"为美国发达的抵押支持证券二级市场和市场机构专业化发展提供了可能性：在需求端通过政府增信提高流动性，扩大资金供给，降低居民购房和企业经营的融资成本，支持居民更好实现"居者有其屋"，支持企业更好发展租赁住房、仓储物流等多元化房地产业态；在供给端丰富了媲美国债的金融产品品类，提高了金融市场的深度和稳定性。我国具有庞大的房地产和基础设施存量，金融机构也持有大量房地产相关资产，成立中国版"两房"有利于盘活不动产资产，在日常情况下为一级市场提供信用风险缓释机制和流动性支持工具，在危机时刻发挥市场"稳定器"等重要作用，应当系统研究提出可行方案。

二是发展住房按揭保险，包括政策性机构以及市场化机构。前者是由财政资金支持的政策性保险机构，参考收入水平和资信状况等制定目标群体的客观标准，通过保险或者担保机制加大对军人、中低收入者等群体购房的金融支持。从国情出发，考虑到我国房价收入比总体偏高以及风险控制等因素，建议尽快完善按揭保险担保制度，通过保险担保机制降低信贷银行风险，从而优化按揭条件，提升按揭贷款的可得性、普惠性和公平性。政策性金融机构还可以采取灵活性措施助力阶梯式住房消费，并在市场下行期发挥居中协调和兜底的作用。

五、加强房地产长效机制建设

旧模式下，影响我国房地产市场稳健发展的主要症结是行业缺乏相对稳定、可靠的基础性制度和长效机制。"头痛医头"和"脚痛医脚"导致了较为严重的效率和公平问题。与前述基本的住房制度和房地产金融制度不同，税收、土地、数据、监测等房地产长效机制定位于在基础框架下的有效调控，实现可持续发展。由此，房地产长效机制建设要合理界定政府与市场的边界，增强市场主体能动性，力求减少房地产市场的大起大落。

第一，稳步推进房地产税等税制改革，推动地方财源逐步从凭借增量的"卖地"收入转为依托存量的税收。一是根据实际情况，逐步推动房地产税落地，增加持有多房或大面积住房的成本；考虑分批次、分层次、分时期，先从对土地财政依赖程度少、城镇化率达到成熟市场水平的城市开始，先从拥有多套住房的家庭开始，逐步实施。二是为减少住房财富过度集中和贫富分化，针对超富裕群体，逐步探索遗产税制度。

第二，按照"人地联动"原则，科学安排新增土地供给，推动城乡统一的住宅用地市场建设。一是根据各类城市在人口流入和住房供需关系等方面的差异，针对人口净流入、房价上涨压力大的区域，在数量和比例上进一步加大住宅用地供给。二是地随人走，在有序扩大目前集体土地进入租赁住房市场试点范围的基础上，探索集体土地在符合规划与用途管制的前提下进入商住用地市场，形成城乡统一的住宅用地市场。

第三，建立健全房地产风险监测、化解和危机处置应急机制。一是常态化开展房地产风险监测。围绕房企、居民、金融机构、政府等多方主体，常态化开展房地产风险监测，主要指标包括杠杆率、流动性水平、或有负债、有效资产等。二是由金融资产管理公司、商业银行或者市场化投资基金等主体合作，成立国有不动产投资基金，在适当时机发挥做市商和"稳定器"的作用。三是针对楼盘烂尾建立保交付机制，在压实房企等主体责任，将集团公司项下未售资产用于重组和债权清偿之外，要综合过错责任、获益与风险承担能力等因素，依法在各方之间合理分配处置烂尾项目的损失。

第四，完善科技、数据、信用等房地产市场管理基础设施。一是加强智慧政务建设，建立住房租赁全量备案制度，建设住房租赁及住房保障监管服务平台，覆盖相关主体及全流程。二是政府搭建及时、准确、权威的市场基础数据信息库，并及时向市场发布。三是完善对房企、租赁企业、房地产经纪机构等房地产相关机构以及个人的信用管理，加强消费者权益保护和社会监督。

第二章

市场供求：中国住房市场的供求现状与趋势

改革开放以来,尤其是住房商品化改革以来,我国房地产市场高速发展取得举世瞩目的伟大成就,不仅基本解决了住房供给严重不足的民生问题,有力支撑了世界上规模最大、速度最快的城镇化进程,也为我国经济腾飞立下了汗马功劳。2023年7月,中央政治局会议首次提出"适应我国房地产市场供求关系发生重大变化的新形势"。在此背景下,认识并准确把握房地产市场形势至关重要。

本章将从历史纵深角度,在回顾改革开放以来我国住房市场发展历程的基础上,系统研判住房市场现状与未来发展趋势。

第一节　改革开放以来中国住房市场的发展

1978年以来，我国围绕培育和发展住房市场、改善人民居住条件，采取了一系列重大改革措施，其中土地和住房制度的改革为住房市场振兴与发展明确了政策支持，房地产开发企业以及住房金融的迅速发展，为市场繁荣提供了保障。10年间，我国住房市场发展波澜壮阔，先后经历了"准备、起步、壮大、转型"四个阶段，城镇人均住房建筑面积由6.7平方米提高到38.02平方米[①]，城镇化率由17.9%快速增长到63.89%，房地产在我国国民经济高速发展以及城镇化和工业化进程中发挥了巨大作用。

---

① 笔者在2000年、2010年、2020年三次人口普查及住建部门等相关官方披露数据的基础上，测算得到全国城镇人均住房建筑面积为38.02平方米。

一、准备阶段：1978—1997 年

1978 年以前，我国实行福利公房制度，政府和单位统一投资建设住房，然后以低租金形式，按单位等级、职工职级进行分配，不存在严格意义上的住房交易和租赁市场。随着人口开始流向城镇，福利分房难以满足快速扩张的住房需求。1978 年，城镇人均住房建筑面积为 6.7 平方米，城市缺房户约 323 万户，占城市居民总户数的 17%，此时的全民"蜗居"倒逼我国开启住房市场改革征程。1980 年 6 月，中共中央、国务院批转《全国基本建设工作会议汇报提纲》，明确提出了住房商品化的总体设想，拉开了建设住房市场的序幕。

住房市场的改革首先从制度建设展开。土地使用权转让、商品房预售和住房公积金制度相继建立。1988 年，《中华人民共和国宪法修正案》明确"土地的使用权可以依照法律的规定转让"，同年 12 月《中华人民共和国土地管理法》增加了"国家依法实行国有土地有偿使用制度"的条款。1994 年，《中华人民共和国城市房地产管理法》正式确立了商品房预售制度，同年下发的《国务院关于深化城镇住房制度改革的决定》正式提出"建立住房公积金制度"。这些早期制定的住房市场制度与政策意义重大、影响深远，为下一阶段住房市场的改革与发展奠定了基础。

与此同时，市场建设加快推进，各类市场参与者应运而生。1986—1997 年，各地先后成立超过 2 000 个房产交易所或交易中心，负责管理房屋产权档案，并规范房屋的转让、租赁等交易活

动。1980年1月，作为内地首家房企，深圳经济特区房地产公司成立，其后房地产企业在各地如雨后春笋般相继成立，到1997年末已近2万家。与此配套的金融创新也相继推出。1985年，建设银行发放国内首笔住房按揭贷款；1991年，部分专业银行（如建设银行和工商银行）成立专门的房地产信贷部，办理个人住房信贷业务。

总体来看，准备阶段打开了我国城镇化与住房市场协同发展的新局面，人民居住条件逐步改善。这个阶段也经历过从兴起到过热，特别是1992年海南房价同比上涨257%，但随着1993年国家开始加强调控，市场逐步从过热回落到相对平稳的发展状态，住宅新开工面积增速保持在10%以上。到1997年，城镇人均住房建筑面积已增至13平方米，较1978年增长1.45倍。

但是，此时的住房商品化仍处于探索阶段，整体市场化水平较低。1982年试行的"三三制"补贴售房政策由于给政府和企业带来较大的补贴负担，4年之后被提租补贴政策取代，但后者也因为租金提升幅度较小，并没有达到政策希望提租促售的实际效果。市场的需求主体仍以单位为主，一半以上的新建住宅属于单位自建、联建，由单位行政分配，并以低租金租给职工居住。

二、起步阶段：1998—2007年

为应对1998年亚洲金融危机以及需求萎缩的挑战，国家下

定决心启动房改，大力发展个人住房消费，以房地产投资拉动经济增长，前期的住房市场化探索得以发生质的转变。1998年7月，《国务院关于进一步深化城镇住房制度改革加快住房建设的通知》明确指出"1998年下半年开始停止住房实物分配，逐步实行住房分配货币化"，同时提出"最低收入家庭租赁由政府或单位提供的廉租住房；中低收入家庭购买经济适用住房；其他收入高的家庭购买、租赁市场价商品住房"，全国住房改革正式启动。

在全面取消福利分房、银根宽松、按揭消费的影响下，全国住房市场得以迅速发展，日益成为国民经济的支柱产业。1999年，中国人民银行下发《关于开展个人消费信贷的指导意见》，个人住房消费持续扩大，到2002年全国个人购买商品住房占商品住房销售额的比重由1998年的54.5%提高到95.3%。2007年，房地产业增加值占GDP的比重增至5.08%；不考虑对上下游产业的直接与间接带动，仅房地产开发投资本身占全社会固定资产投资的比重就由1998年的12.7%提高到21.37%，对我国经济影响巨大。

在商品住房市场快速发展的情况下，房价随之迅速上涨。如图2.1所示，2003—2007年，由于拿地成本抬升和住房需求持续释放，全国住房平均售价从每平方米2 197元增至每平方米3 645.18元，年均增速为11.87%，其中一线城市涨幅更甚，北京房价每平方米突破1万元，年均上涨20.07%，远超同期北京城镇居民人均可支配收入的年均增速12.19%。

但同期住房保障体系的发展较为滞后。截至2007年，我国共建设 1 020 万套面向中低收入家庭的经济适用房。1999 年提出针对低收入家庭筹建廉租房，由于实践中管理机构不明和资金来源不足，廉租房建设量非常少。此时全国保障性住房仅有产权类经济适用房，无租赁类住房，对低收入群体的保障水平较低。

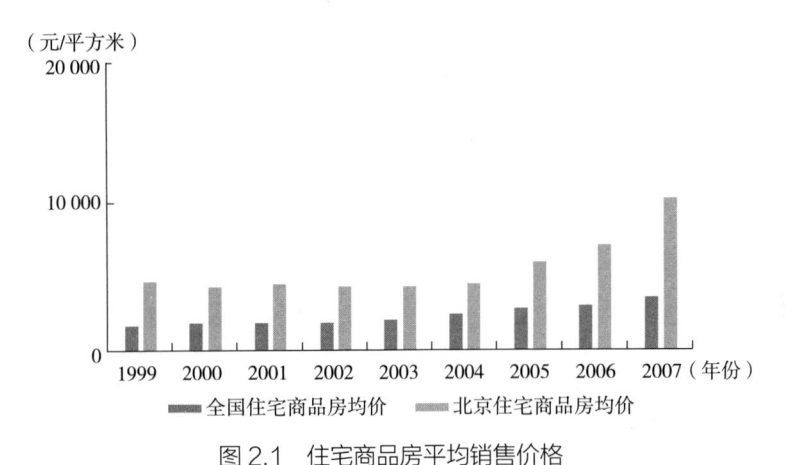

图 2.1　住宅商品房平均销售价格

资料来源：国家统计局。

三、壮大阶段：2008—2016 年

我国住房市场进一步发展壮大，但当房价上涨过快时，国家开始运用行政、金融和税收等调控手段，政策叠加市场震荡，形成"三年一次"小周期的独特现象。2008 年，受经济下行和美国次贷危机的影响，消费者持币观望气氛浓重，商品住宅销售面积下降 20.3%，房价同比下跌 1.9%。随后，在 2009 年货币宽松和"四万亿政策"的影响下，全国住房市场明显复苏，商品住宅

销售面积增长 43.9%，房价同比上涨 24.69%，部分地区房价涨幅更高。

2010 年初，国家提出严格的二套房贷首付比例，同年"新国十条"、2011 年"新国八条"等紧缩政策相继出台，46 个城市开始执行住房限购政策，市场又进入调控下的稳定发展状态。2010—2014 年住宅销售面积年均增速未超过 10%，远低于上一阶段水平。但到 2015 年，面对不断增加的住房库存（全国商品住宅待售面积见图 2.2），各地又出台降低二套房首付比例、下调中长期贷款利率、减少契税等宽松政策，再叠加 2015 年重点推进棚改货币化安置，货币化安置比例由 10% 迅速提高至 50%，2016 年的全国住宅商品房销售面积增长 22.35%，房价涨幅重回 10% 以上，一线城市例如北京更是上涨 27.75%，住宅商品房销售均价接近每平方米 3 万元（见图 2.3）。

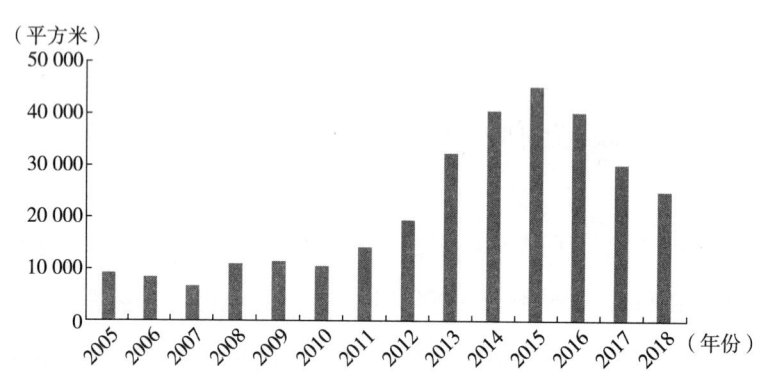

图 2.2　全国商品住宅待售面积

资料来源：国家统计局。

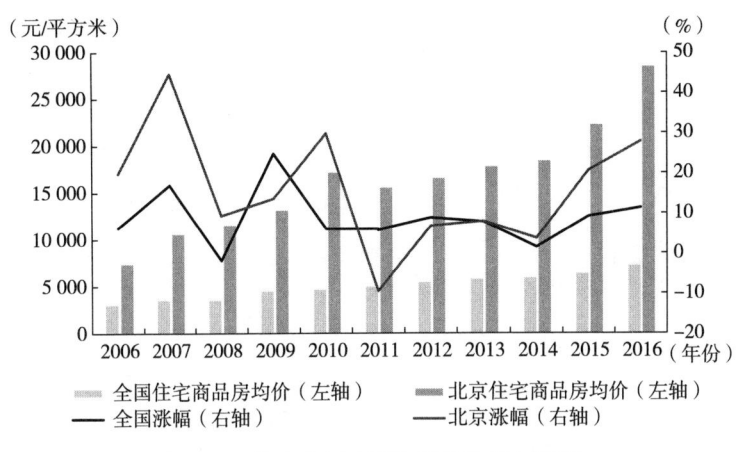

图2.3 住宅商品房平均销售价格与涨幅

资料来源：国家统计局。

与此前相比，我国在这个阶段更加重视住房保障问题。除2009年起加快推进城市、国有工矿、国有林区和国有垦区棚户区改造与危房改造之外，2010年6月《关于加快发展公共租赁住房的指导意见》提出推进公租房建设。截至2016年，我国共建设公租房（含廉租房）约1 500万套。同时，由于经济适用房短期内限售不限租，低收入人群买不起，且部分成为住房福利，2014年起我国探索发展共有产权房，正式取代经济适用房的保障功能，加快发展以公租房和共有产权房为代表的租购并举的住房保障体系。

与此同时，在房地产推动经济发展、资本聚集的同时，房企也逐渐形成了"高负债、高杠杆、高周转"的发展模式。在大规模开发建设阶段，房企显著表现为资产重、负债率高；2008—2016年，房企资产负债率的均值快速上涨6个百分点，达到近

80%，这还未包括不透明的表外负债，而同期业务模式更加多元化的美国上市房企资产负债率为57%，英国为38%，[①] 远低于我国。同时，在预售制度下，预售资金占房企实际到位资金的比重不断提高，2017年达到47%，房企的高周转、高杠杆特征逐渐明显（见图2.4）。

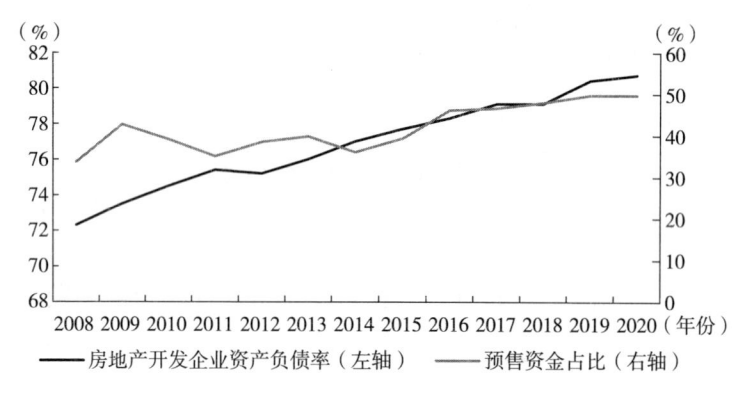

图2.4　房企资产负债率与预售资金占比

资料来源：国家统计局。

四、转型阶段：2017年至今

2016年底的中央经济工作会议提出坚持"房子是用来住的、不是用来炒的"定位，综合运用金融、土地、财税、投资、立法等手段，加快研究建立符合国情、适应市场规律的基础性制度和长效机制。住房市场进入新旧模式转型阶段，住房市场和政策调

---

① 参见 Wind。

控均围绕"促进房地产市场平稳健康发展"展开。

住房市场整体表现为"前热后冷"。全国住宅开发投资完成额与商品房销售面积及同比增长率见图2.5。前期仍然延续了上一阶段的繁荣状态，房地产企业突破10万家，全国房地产开发投资完成额从7.5万亿元增长至10万亿元，商品住宅销售面积维持在每年15万亿平方米左右，房价年均上涨8.5%。但是，受新冠疫情冲击，以及行业周期和融资收紧等影响，2021年住房市场迅速转冷，住宅销售面积增速逐月下滑，全年住宅新开工面积同比下降10.9%；土地购置面积为21 590万平方米，下降15.5%；全国土地出让收入为8.7万亿元，同比上升3.5%，较2020年的增速下降12.5个百分点。

住房租赁市场与住房保障体系的发展速度加快。2020年以来，我国不断推出落实租购并举战略的积极政策，发展住房租赁市场，包括提出《住房租赁条例（征求意见稿）》，增加租赁用地供给。2020年全年共推出约350万平方米租赁相关用地，2021年初步统计超过1 235万平方米。此外，"十四五"期间全国计划筹集870万套（间）保障性租赁住房，住房租赁和住房保障得到更多发展机遇。

此外，房地产金融监管力度不断加大。2020年房企的"三道红线"、银行房地产贷款的"两道红线"、房企商票监管，以及《关于推动公司信用类债券市场改革开放高质量发展的指导意见》对高杠杆企业过度发债的限制，针对房企融资的补丁越来越多，房地产行业的底层逻辑正发生根本性变化。

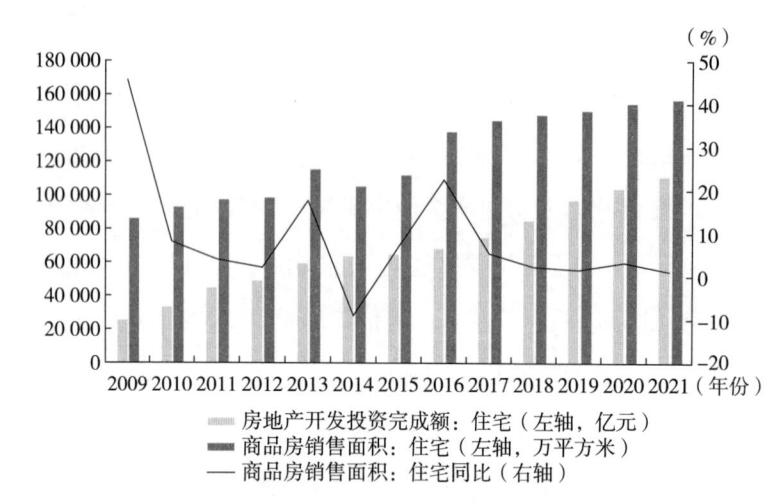

图 2.5　全国住宅开发投资完成额与商品房销售面积及同比增长率

资料来源：国家统计局。

然而，在对新模式的酝酿和探索中，长期累积的一些深层次矛盾和问题开始暴露，房企高负债、高周转驱动的发展模式难以为继。部分房企债务风险和违约事件不断增多。例如恒大总负债接近 2 万亿元，短期金融债务现金缺口达 1 532 亿元，境内境外均已出现债务违约。据统计，2021 年已有 11 家规模房企发生债务违约，全国房地产行业债券违约金额为 472 亿元，占比达 24.6%。与此同时，2022 年 6 月下旬以来，居民主动停贷事件持续蔓延；截至 2022 年 7 月 14 日，全国已有 150 个烂尾楼业主公开宣布停贷，涉及河南、湖南等 20 个省 70 个市（区）。

回顾我国住房市场发展的各个阶段，首先，应当肯定住房市场对解决我国经济发展的阶段性梗阻，改善居民生活条件和推动城镇化做出的巨大贡献；其次，住房旧发展模式在城镇化趋缓、人口老龄化的当下已逐渐暴露出不再适用或存在较大风险的缺陷，成为牵一发而动全身的经济社会问题。当前，住房新旧模式转型还在进行中，亟须厘清思路，既要妥善解决当前房地产面临的风险和问题，轻装上阵，又要从长远考虑，探索建立住房市场长效发展机制。

第二节　当前中国住房市场的供求状况

一、当前市场需求状况

住房既有提供居住空间的基本功能，又有投资属性；住房总需求可以划分为人口增长与结构变化形成的居住需求，以及房价上涨预期、持有成本低带来的投资需求。从住房的需求主体——人的角度出发，新增人口和家庭户数量是形成住房需求的主要变量。2016年后我国城镇化进程放缓，人口增量减少，尤其是主力购房人口规模趋于下降，同时家庭户规模缩小形成大量新增城镇家庭，削弱了新增人口和主力购房群体数量下降的负面影响。此外，人口老龄化、人户分离、人口规模快速增长以及区域之间的人口分化，尤其是部分地区的人口萎缩，成为我国住房市场转型发展的新挑战。

1. 人口总量和年龄结构面临长期均衡发展压力

我国人口总量增速放缓，出生率创新低。2020年第七次全国人口普查数据显示，全国总人口①达14.12亿人（见图2.6），相比2010年的13.40亿人增加7 206万人，过去10年的总体增长率超过5%，年均增长率超过0.5%，保持低速上涨态势。此外，2020年全国出生人口为1 200万人，出生率为8.52‰，人口自然增长率仅为1.45‰，两个指标均创下了1978年以来的新低，出生人口面临持续下滑压力。

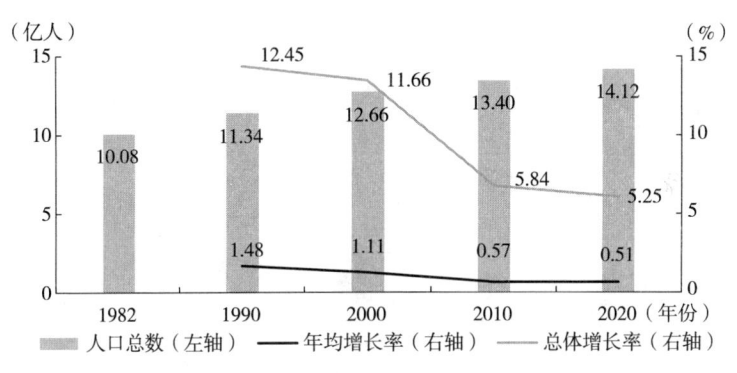

图2.6 近五次人口普查的人口总量情况

资料来源：国家统计局，笔者整理测算。

同时，经过近30年的快速城镇化，城镇新增人口形成了大规模商品化住房需求。2020年我国城镇常住人口达到9.02亿人，城镇化率为63.89%。过去10年，城镇常住人口增加了2.36亿人，累计提高14个百分点。从户籍角度看，同期我国户籍人口城镇化率为45.4%，与常住人口城镇化率的差距从2010年的15.51个百分点继续扩大到18.49个百分点（见图2.7），约2.61亿城镇常

---

① 不含港澳台地区。

住人口仍是农村户籍。分解我国城镇化驱动因素，约 16% 新增城镇人口是城镇人口的自然增长，约 26% 来自从农村到城镇的人口流动，约 53% 属于就地城镇化，也就是乡改镇、县改市、县改区等行政区划口径变化形成的城镇化占比在一半以上。[①] 因此，我国在提升就地城镇化质量，尤其是加强镇区发展，以及推进户籍人口城镇化方面仍有大量空间。

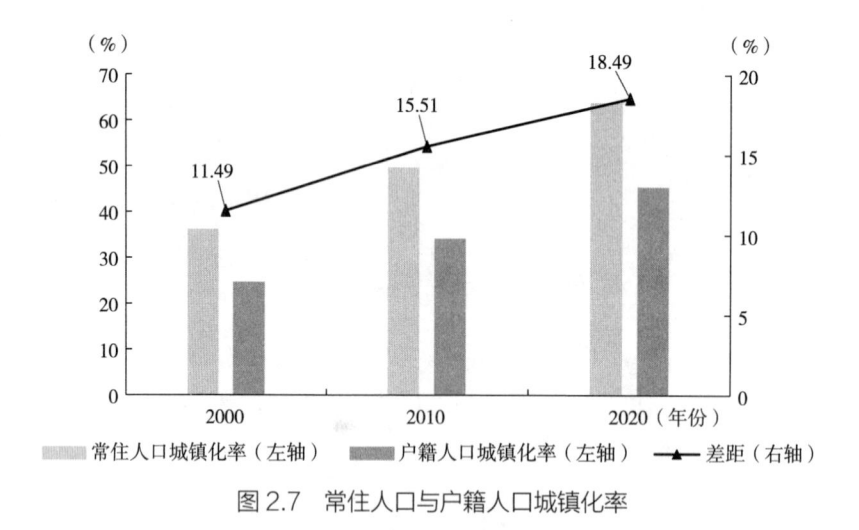

图 2.7　常住人口与户籍人口城镇化率

2. 家庭小型化和代际居住分离，影响住房需求结构

受人口流动日趋频繁、住房条件改善、少子化等因素的影响，我国家庭总户数显著增加（见图 2.8），户均规模加速缩小，

---

① 参见蔡昉：新增城镇人口中过半数为"就地城镇化"。

增加了对小户型住房的需求，代际居住分离也在一定程度上弱化了居家养老能力。2020年，全国14.12亿人共形成5.23亿户，其中具有血缘、婚姻或收养关系成立的家庭户为4.94亿户，较2010年增长22.9%。家庭户每户2.62人，较2010年减少0.48人，其中，一人和二人户占比从38.9%增至55.1%，五人户及以上占比从16.7%降至10.8%，户均人口规模的缩小趋势加快（见图2.9），代际同住比例减少。

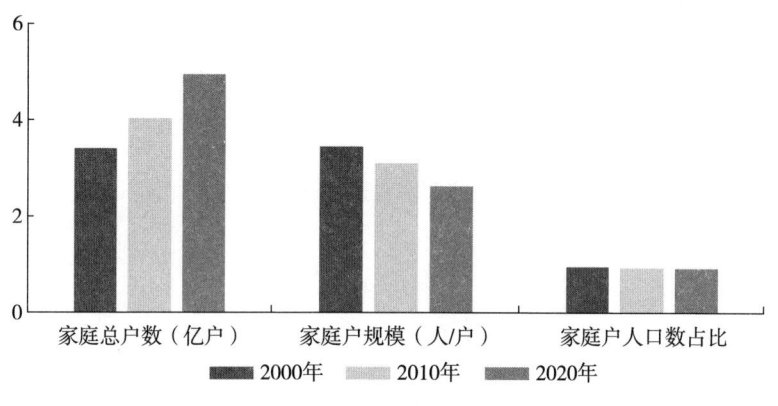

图2.8 近三次普查总户数与家庭户情况

随着人口的迁移，相互之间没有家庭成员关系、集体居住共同生活的集体户人口总量进一步增加。2020年集体户达到2 853万户，涵盖1.17亿人口，占总人口的比重增至8.30%，较2010年增加2 400万人，占比上升1.3个百分点。去除近4 200万名在校大学生，约7 500万人口在集体宿舍等类住宅居住。

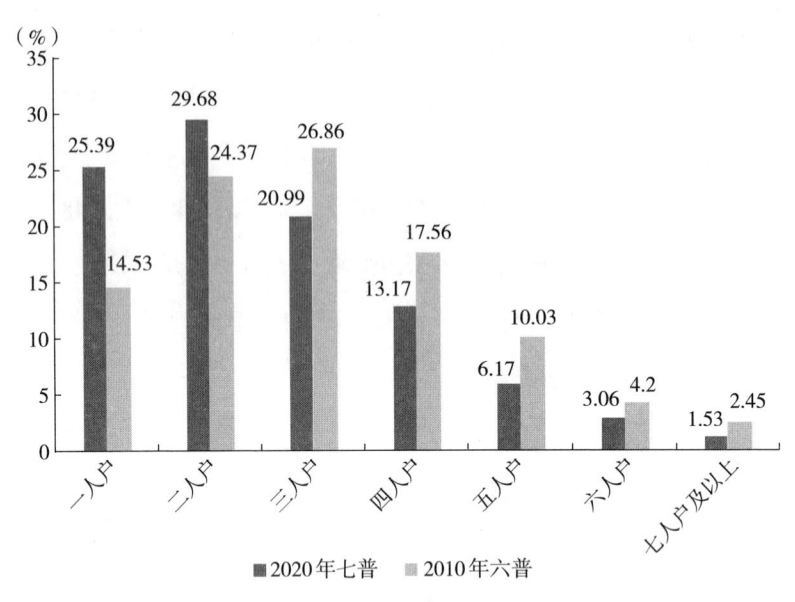

图2.9 第七次全国人口普查家庭户户均规模占比情况

3. 人户分离和"城城流动"大幅增加,租赁需求旺盛

与城镇化和城市改革相伴相生,受户籍和土地管理制度改革较为缓慢的影响,我国人户分离群体规模不断扩张,2020年增至4.93亿人,较2010年上涨88.52%,占总人口的比重达34.90%。根据统计口径,人户分离人口规模包括城市内市辖区人户分离人口和地区之间迁移的流动人口。2020年,市辖区人户分离人口达到1.17亿人,较2010年增长192.66%;流动人口规模达到3.76亿人(见图2.10),增长69.73%,增速显著慢于市辖区内人户分离人口增速。

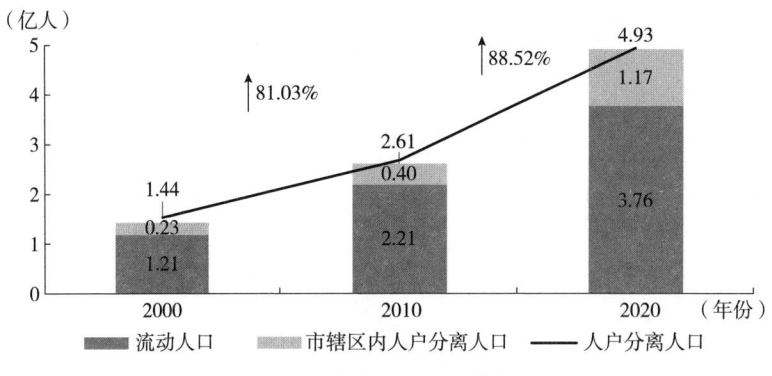

图2.10 人户分离人口规模与结构

具体来看，3.76亿流动人口中，"乡城流动"仍是主要形式（见表2.1），2020年从乡村流向城镇的人口为2.49亿人，较2010年增加了1.06亿人，总体增速74.13%。此外，近10年人口迁移的新特征是"城城流动"，人口规模大幅提升，2020年全国"城城流动"人口达到8 200万人，较2010年增加了3 500万人，增速在74.47%，但该统计口径仍以户籍所在地为依据，从农村到城市再换城市常住的人口仍被定义为"乡城流动"，而不是实际发生的"城城流动"。因此，如果考虑此类人群，"城城流动"的人口比重更大。

表2.1 2020年流动人口结构及较2010年增速情况

流动类型	人口规模（亿人）	规模占比（%）	较2010年增加人口（亿人）	较2010年增速（%）
乡城流动	2.49	66.3	1.060	74.13
城城流动	0.82	21.8	0.350	74.47
乡乡流动	0.39	10.3	0.130	50.00
城乡流动	0.06	1.6	0.007	13.21

资料来源：乐居，中国人口迁移大变局。

从流动人口流向的角度看，2020年全国省内流动和跨省流动的人口分别达到2.51亿人和1.25亿人，过去10年分别增长了85.70%和45.37%。说明人口在城乡与区域之间长距离迁移的规模和强度趋于下降，农村户籍流动人口在新冠疫情背景下也出现回流本地（在户籍所在乡镇范围内从业）的趋势，但是城市之间和城市内部的人口流动趋势不断加强，并保持在较高水平。人户分离与居民投资性或改善性持有多套住房或租赁其他住房，以及农村人口除宅基地住房外，在城镇租赁或再次购置住房的行为联系紧密，间接说明持有多套住房和租赁住房的人口大量增加。农民工规模与增速情况见图2.11。

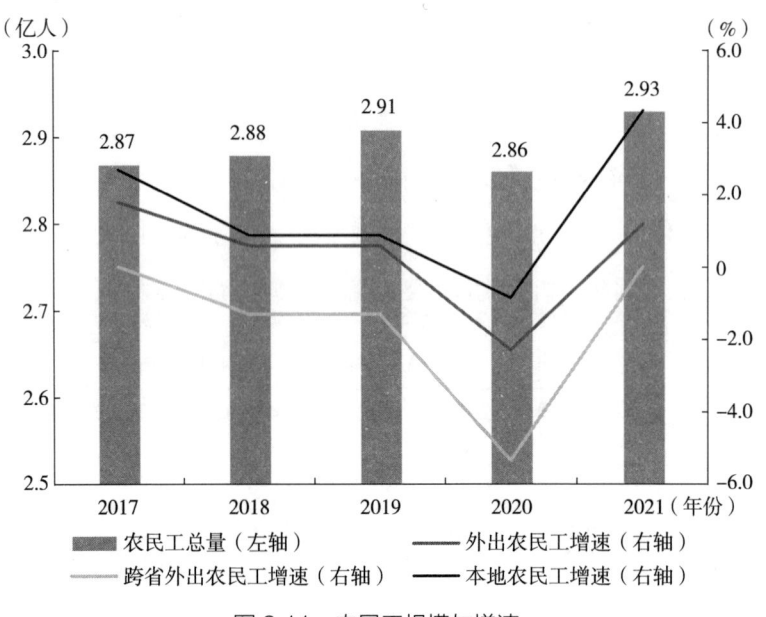

图2.11 农民工规模与增速

4. 人口向都市圈和高等级城市集聚，住房需求区域分化

产业经济和收入水平的差异驱动人口迁移，过去10年全国净新增人口7 696.79万人，主要流向核心城市群。2010—2020年，珠三角、长三角、成渝和京津冀城市群的人口增长量分别达到2 182万人、1 690万人、695万人和607万人，占全国新增人口的七成左右，[①] 人口主要流向3个直辖市（北京、上海和重庆）和4个副省级城市（深圳、青岛、厦门和宁波），以及16个省会城市，尤其是中西部地区省会城市的人口集聚度明显上升，地区之间的人口分化加剧。2010—2020年人口净增量超过100万的代表性城市情况如图2.12所示。

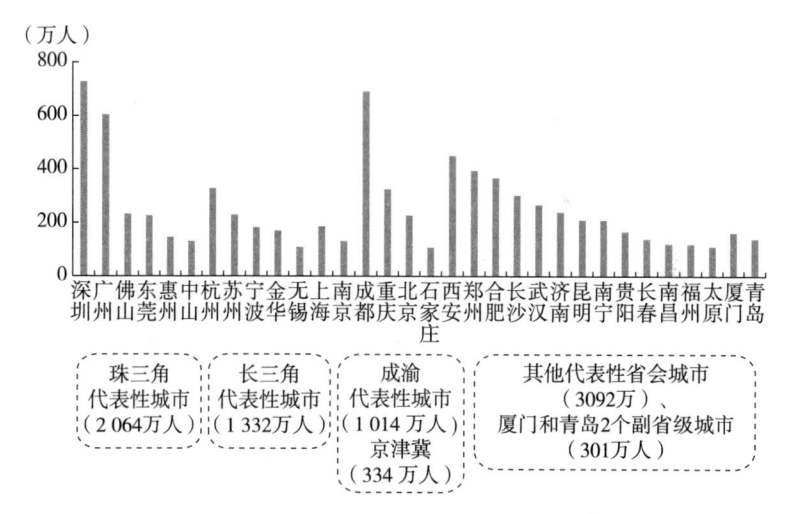

图2.12　2010—2020年人口净增量超过100万的代表性城市情况

---

① 参见金浩然、戚伟：《以七普数据管窥我国城镇住房发展趋势》，《中国房地产》，2021年第36期。

同时，随着产业发展周期和在城市群之间的转移，人口萎缩省份由2000—2010年的湖北、四川、重庆和贵州，转变为2010—2020年的东北三省以及山西、内蒙古和甘肃（见图2.13）。据统计，2010—2020年，我国343个地级市中有150个出现人口收缩，占比接近一半，人口共减少4051.4万人。住房需求长期驱动因素的变化对这些地区住房市场的持续发展提出了新的挑战，例如，增量市场的疲软，人口流失后可能出现的产业加速下滑、城市环境衰败、政府收入下降和区域性房地产市场风险等问题。

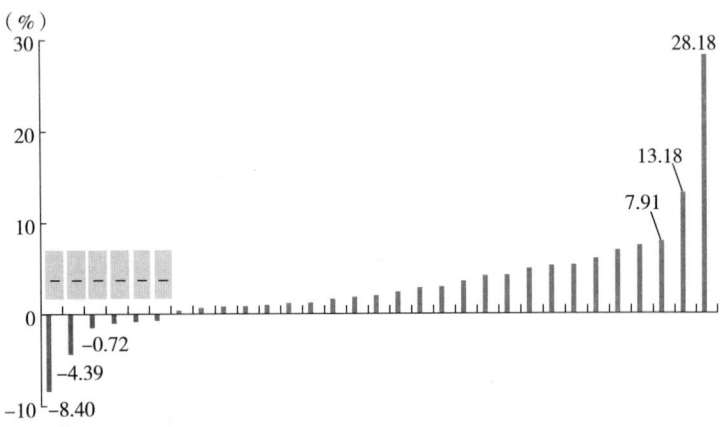

图2.13 2010—2020年新增人口占全国新增人口的比重

二、当前市场供给状况

改革开放以来，尤其是住房商品化改革以来，我国住房市场高速发展，不仅基本解决了住房供给严重不足的民生问题，也有力支撑了世界上规模最大、速度最快的城镇化进程。在城乡二元结构的背景下，我国城市、镇和乡村在土地供给、住房建设等制度规定与市场行为上存在显著差异，一定程度上导致住房总量增长与住房结构优化的失调，住房商品市场与住房保障的不均衡，也形成城中村和小产权房等非正规市场，塑造了我国快速城镇化过程中独具特色的住房市场。

1. 全国城镇住房总量3.6亿套，商品房占比超过六成

"98房改"后，受个人住房消费持续扩大的影响，我国住房市场进入快速发展阶段，成就了"黄金20年"。根据笔者的测算，2000—2020年，全国住房总面积实现翻倍（见图2.14），从274亿平方米增至567亿平方米，年均增长3.70%，住房总套数从3.56亿套增至5.96亿套（见图2.15）[①]，年均增长2.61%，其中城镇住房总面积从92.31亿平方米跃升至308.22亿平方米，达到3.56亿套。同时，在城乡土地二元结构制度下，我国农村分配宅基地建房，一户一宅，过去20年住房总套数变化不大（从2.22亿套增

[①] 笔者在2000年、2010年、2020年三次人口普查及住建部门等相关官方披露数据的基础上，结合国家统计局、中国人民银行、国家卫生健康委员会（原国家卫生和计划生育委员会）等相关抽样调查数据，对全国及城、镇、乡村的住房存量、人均住房面积、户均套数等指标进行综合测算。另外，本章的数据来源如无特殊说明，均为笔者测算。

至 2.40 亿套），但套均面积显著增加，住房总面积从 181.80 亿平方米增至 259.36 亿平方米。

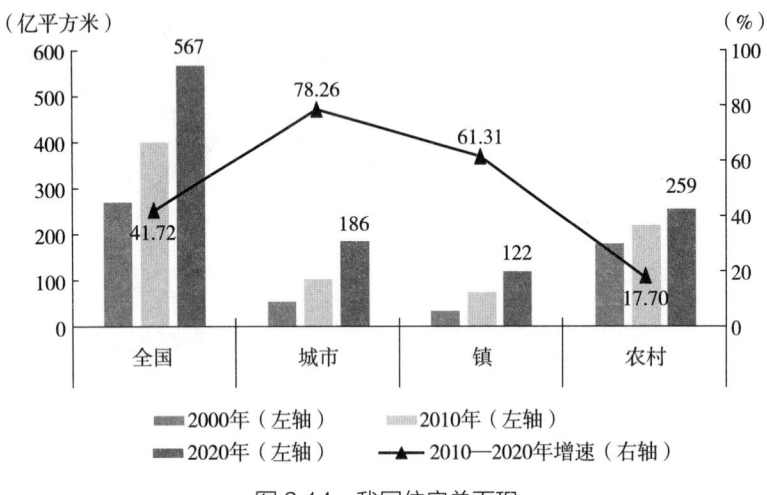

图 2.14 我国住房总面积

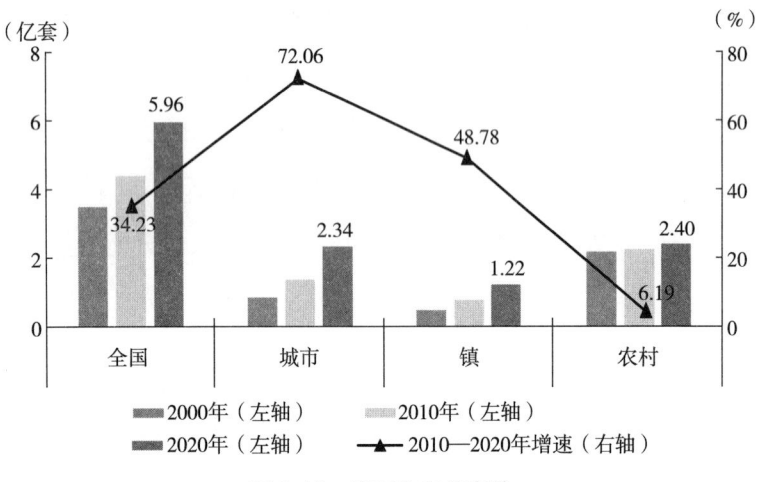

图 2.15 我国住房总套数

由于行政区划变化、大规模城市建设、乡村开发等，我国存在规模庞大的城中村和坐落其中的小产权房，形成游离于正规住房市场体系之外的非正规住房市场。根据自建房、商品住宅等不同住房的产权性质划分，笔者测算后发现，2020年全国城镇3.56亿套住房中，商品住宅占比55.5%，自建房占比29.3%，已购公房占比9.5%，公租房（含廉租房）占比5.4%，剩余0.3%为其他住房（见图2.16）。考虑到部分已购公房已经转变为完全产权的商品住房，笔者测算我国城镇住房中，商品房占比超过六成。

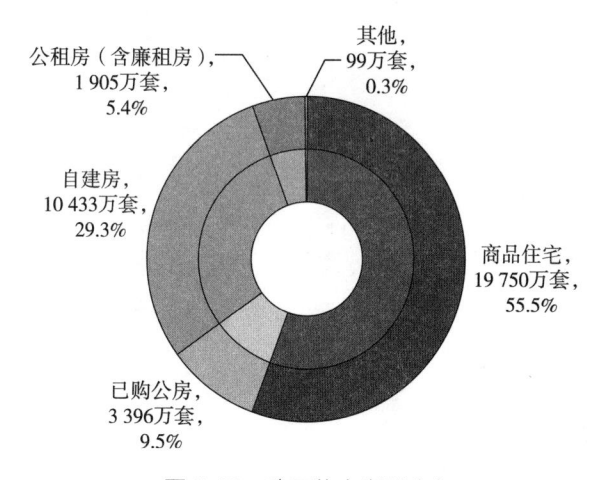

图2.16 我国住房类型分布

2. 住房品质明显改善，30年内房龄的住房占九成

随着我国经济从高速增长阶段转入高质量发展阶段，以及人口年龄结构发生显著变化，人力资本代替自然资源和投资成为关

键生产要素，住房市场自然应该从追求住房供给效率转变为提升居住品质和生活质量。随着2007年后棚户区拆迁，以及老旧城区和住房改造的迅速推进，我国存量住房的居住品质显著提升。1990年以后建成的房屋（房龄30年以内）成为存量住房的绝对主力（见图2.17），占比86%，且家庭户均面积得到较大提升，全国37.8%的家庭户居住在130平方米及以上的住房中，比2010年增长了16.2个百分点。

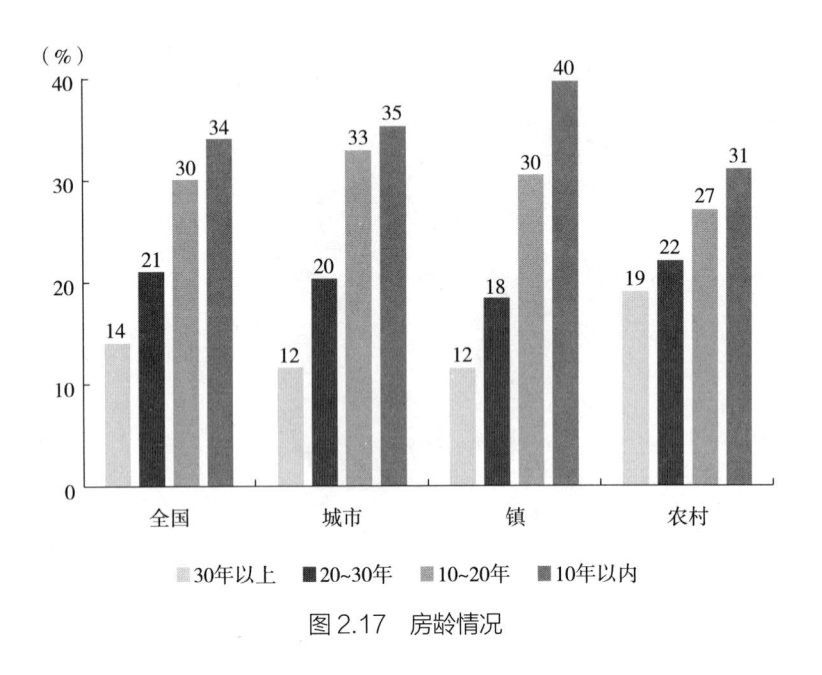

图2.17　房龄情况

从建筑层数和加装电梯的情况来看，我国住房适老化水平仍有待提升。全国层面，共有28.0%的家庭户居住在平房，52.83%居住在多层（7层及以下）楼房，18.6%居住在高层（8~33层）楼房，0.6%居住在超高层（34层及以上）楼房。其中，城市层面居住在平房的家庭大大减少,仅占比6.1%,另有56.98%和36.96%的家庭户分别居住在多层和高层楼房。但全国仅19.68%的家庭户居住在有电梯的住房,城市也仅达到36.67%(见图2.18),也就是7层及以下住房基本未配备电梯,适老化水平较低。

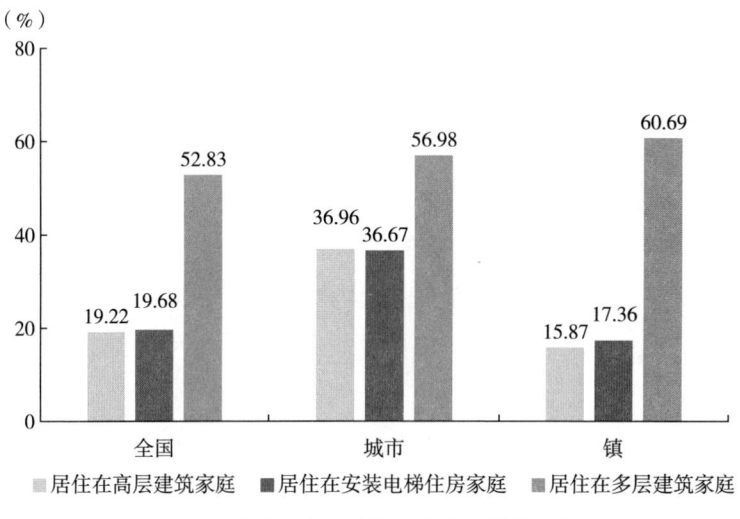

图2.18 高层、多层建筑与安装电梯住房占比

城市住房内自来水、卫生厕所等基础生活条件配置(见图2.19)已基本满足,住房成套率达到95%以上;但镇和乡村居住配套相对较差,分别有6%和18%的房屋使用普通旱厕,超过20%的农村房屋缺少洗澡设施。同时,由于房企业务集中于盈利性更佳的住房开发销售,2020年上市房企的房屋销售收入占经营总收入的94.7%,我国物业管理领域业务较为薄弱,服务质量总体水平偏低。

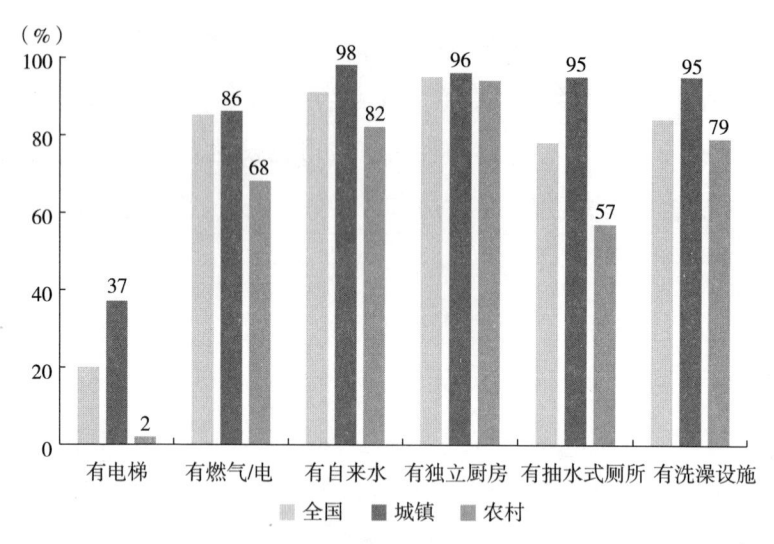

图2.19 城乡普通住宅屋内设施情况（户数占比）

3. 租赁市场以个人房源散租为主，租赁用地供给较少

1998年后我国推进住房商品化改革，以购为主的住房制度迅速形成和强化，出于居住、保值增值或配套教育资源等其他原因，居民的购房需求和意愿始终处于高位，绝大部分存量住房由个人持有。同时，我国租赁市场始终处在房价高涨、租金收益率悬殊的状态，一、二线城市一直维持在2%左右，长期社会资本缺乏介入租赁业态的动力，一直没有形成可持续的长租房租赁业态和稳定的商业模式，而是以个人房源散租为主、标准化水平较低的租赁供给结构。

笔者测算，目前我国用于租赁的住房约8 000万套，其中超过七成（5 700万套）为个人散租房源，政府管理的公租房约占25%，剩余集中式和分散式长租公寓房源占比不足5%（见图2.20）。从租赁用地来看，据克而瑞统计，2021年我国22个重点城市共成交582宗涉租赁地块，租赁建面1 235万平方米，仅6个城市完成年度供应计划的50%以上。因此，在土地出让收入占地方政府财政收入43.5%的情况下，受租赁用地较低的出让价格、供地位置、房企拿地意愿等多种因素影响，以地方政府为主体推动租赁专用地和租赁住房供给存在现实的压力。

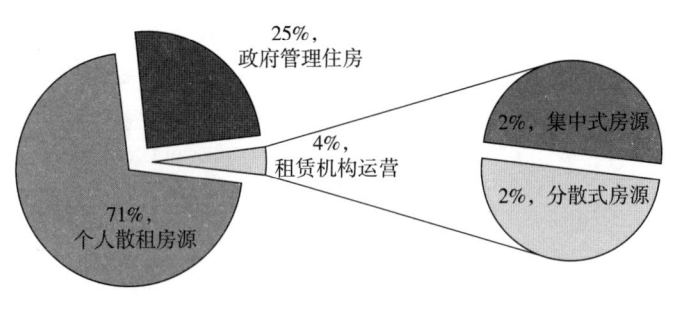

图2.20 租赁房源结构

4. 住房保障体系以实物保障为主，租赁类住房占比较低

我国住房保障体系伴随住房制度改革和快速城镇化不断发展，住房保障逻辑和形式不断迭代，包括实物保障和住房补贴两种形式，但以实物保障"补砖头"为主，需要较大的财政投入和资源配置，而需求端租赁补贴较少。2021年，全国公共财政支出中，保障性住房租金补贴支出50.14亿元，占比1.79%（见图

2.21）。以北京为例，2020年，北京市共3.97万家庭户租赁公租房（含廉租房），共2.06万户获得市场租房补贴，约是实物保障覆盖面的一半。

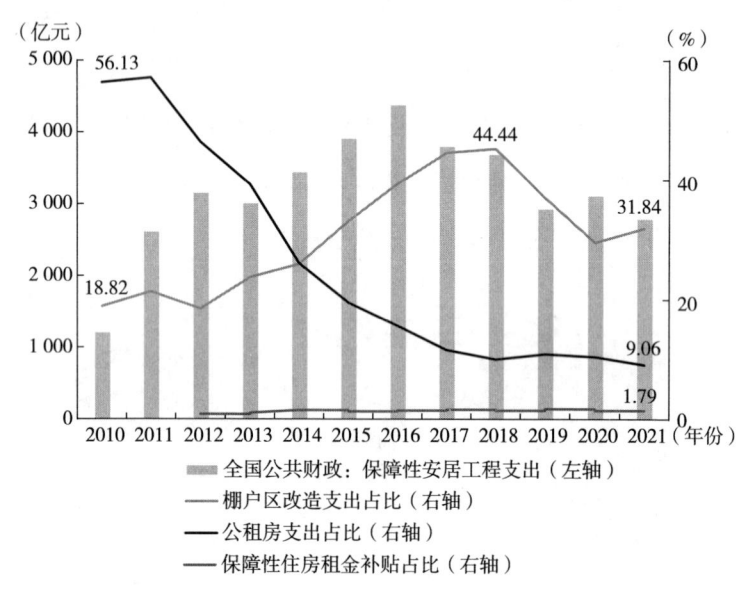

图2.21 全国公共财政：保障性安居工程支出

注：保障性安居工程支出包括棚改、公租房、农村危房改造、保障房租金补贴等项目。

截至2021年，在国家层面我国共出现七类保障性住房（见图2.22），包括租赁类的廉租房、公租房，保障性租赁住房（简称保租房），产权类的经济适用房、棚改房、限价商品房和共有产权房，其中公租房、保租房、共有产权房构成当前我国住房保障的三支柱，重点解决新市民和青年人的住房困难（见表2.2和图2.23）。根据住建部等发布的公开数据，笔者估算，截至2020年，我国共建设保障性住房约9 010万套，占城镇住房总套数的

24.6%，其中，重点推进的公租房（含廉租房）共建设约1 905万套，占城镇存量住房的5.35%，按照户均人口2.62人估算，约覆盖5 000万人。

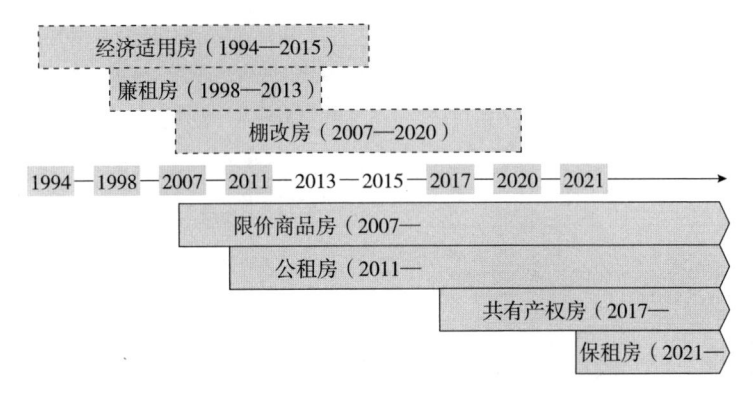

图2.22 我国各类保障性住房的主要建设时期

资料来源：笔者根据官方政策文件整理。

表2.2 公租房、保租房和共有产权房的供给对象

类型	收入	户籍	工作
公租房	主要面向中等偏下收入群体，上海和深圳等城市取消了收入条件	不限制户籍，实际执行中本地户籍优先	非本地户籍申请者在本地要稳定就业
保租房	无限制	无限制	增加对申请者或是工作地点、缴纳社保，或是落户年限等的要求
共有产权房（北京）	无限制，需满足限购条件	不限制户籍，优先向项目所在区户籍人群配售	非本地户籍申请者在本地要稳定就业

国家政策：主要面向符合条件的新市民、青年人等群体
- 新市民：来到城镇常住、尚未落户的流动人口以及落户不满三年的城镇户籍人口
- 青年人：保租房相关政策未作规定，根据《中长期青年发展规划（2016—2025年）》，青年人的年龄范围是14～35周岁

地方政策：细化申请者需符合的条件以及优先保障对象
- 增加新市民和青年人的申请条件
  - 限定申请者自有住房和社保情况
  - 规定申请者年龄、学历和落户年数
  - 限定申请者的工作地点
- 单列申请对象或明确优先保障对象
  - 地方单列引进人才以及基本公共服务人员为保租房申请对象，或优先保障新市民和青年人中的上述人员
  - 覆盖执行计划生育政策和优生优育政策的群体，或优先保障新市民和青年人中生育三孩的家庭

图2.23　比较国家与地方政策对保租房保障对象的规定

三、当前供需匹配状况评估

与全球规模最大、速度最快的城镇化相伴而生，受区域资源禀赋、经济结构差异的影响，经过近30年的快速发展，我国住房总量和人均住房面积大幅提升，住房品质也得到显著改善。现阶段我国住房供需矛盾从总量短缺转化为结构性不均衡，在房价长期上涨的条件下，衍生出居民个人居住条件和住房财富水平、城乡二元和区域发展的不均衡，以及租赁市场发展缓慢、租赁人口居住品质较低、保障性住房区域性房源不足与过剩并存的问题。

1. 住房矛盾从总量短缺转为结构性不足

笔者测算，2020年全国人均住房建筑面积43.80平方米（见图2.24）[①]，户均1.24套（见图2.25），分别较2010年增加11.42平方米和0.09套，其中，城镇人均住房建筑面积近40平方米，户均1.17套。从住房自有率角度来看，全国层面72.5%的家庭户住在自己购买或自建住宅中（见表2.3），其中城市为60.2%，分别较2010年降低12.89个百分点和9.58个百分点，与租赁和集体宿舍等类住宅的人口规模显著增加保持了一致趋势。有机构数据显示，总体来看，我国彻底走出了改革开放初期城镇人均住房面积仅6.7平方米的窘境，套户比高于德国的1.02和英国的1.03，也超过了美国的1.15和日本的1.16。总体来看，我国住房总量短缺矛盾已经得到较好缓解，且留有换房调整的空间。

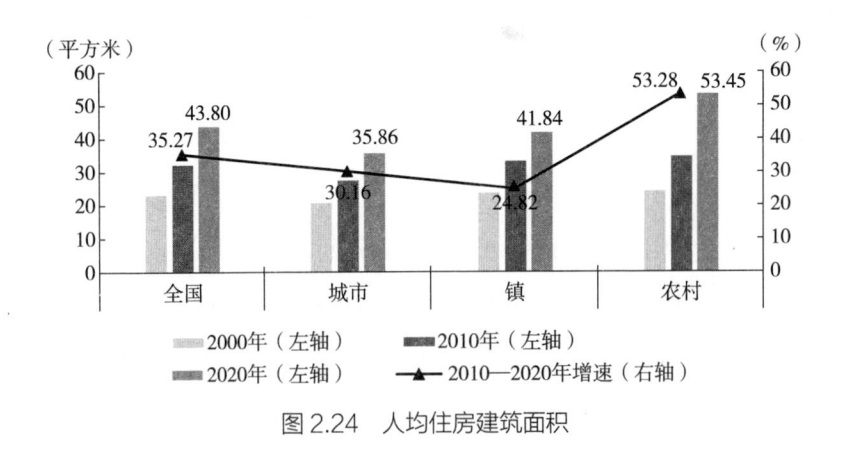

图2.24 人均住房建筑面积

[①] 数据口径：涵盖家庭户和集体户。

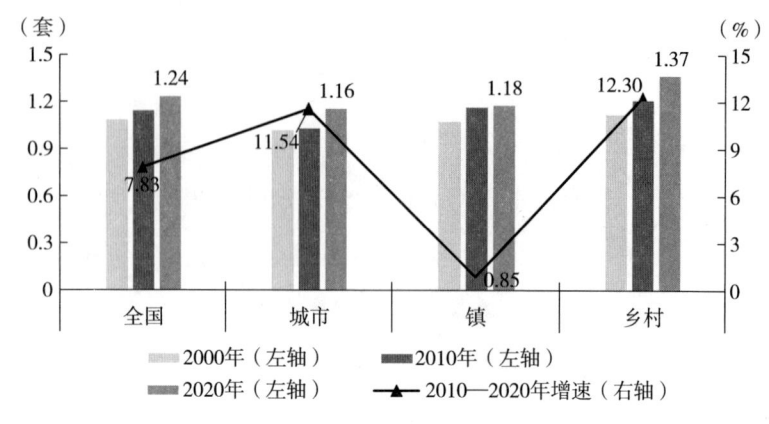

图2.25　户均套数

表2.3　2020年居民住房来源分布情况（户数占比）

指标	购买住宅（%）	自建住宅（%）	租赁住宅（%）	其他住宅（%）	类住宅（%）
全国	30.7	41.8	15.0	4.1	8.3
城镇	45.8	18.5	21.2	5.0	9.6
其中：城市	51.4	8.8	25.5	5.1	9.2
其中：镇	35.0	37.1	12.9	4.6	10.4
乡村	3.6	83.9	3.7	2.7	6.1

结构性不均衡成为现阶段我国住房市场的重要特征，突出体现在多套房、空置房与住房困难群体并存的现状，降低了稀缺住房资源的利用效率。根据中国人民银行的调查报告，2019年我国城镇家庭住房拥有率达到96%（见图2.26），其中约58.4%的家庭有一套住房，31%的家庭有两套住房，10.5%的家庭有三套及以上住房，[①] 即四成城镇家庭拥有两套以上住房。此外，笔者基于

---

① 另据社科院组织的中国社会状况综合调查，全国居民家庭住房自有率为93.88%，其中约78%的家庭有一套住房，18%的家庭有两套住房，4%的家庭有三套及以上住房。

住房总量和不同人群的居住方式测算,我国约有 21.7% 的住房处于空置状态。

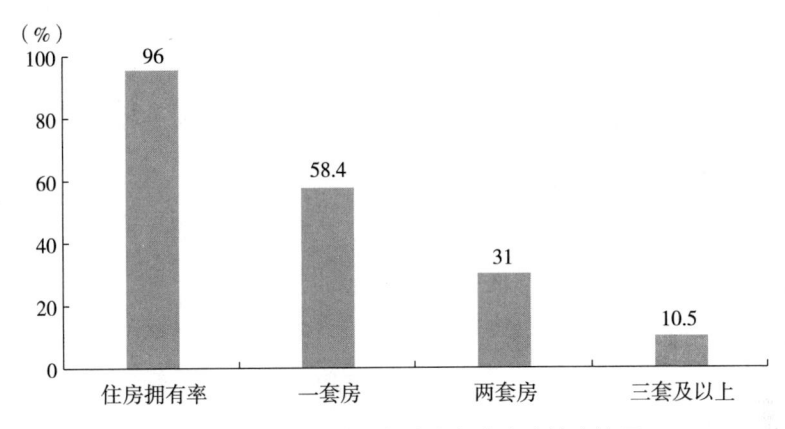

图 2.26 城镇家庭住房拥有率与多套房持有情况

资料来源:中国人民银行,《2019 年中国城镇居民家庭资产负债情况调查》。

不同家庭人均住房面积差异显著。如图 2.27 所示,29.52%的城市家庭人均住房建筑面积大于 50 平方米,但也有 39.54% 的城市家庭人均住房建筑面积不足 29 平方米。众多新市民等无自有住房或人房位置不匹配,导致居住困难,居住在工作场所等类住宅的人口占比为 5%(除近 4 200 万名在校大学生),约 7 500 万人;约 5 000 万的农村户籍流动人口在城市、农村均无住房,住房困难问题突出。

区域发展不均衡,部分城市住房自有率和人均住房面积仍较低。受一些住房产权不完整、住房供给缺乏弹性和购房负担较重等因素的影响,我国部分一线城市的住房自有率仍远远低于全国平均水平(见图 2.28)。根据第七次全国人口普查的数据,

2020年我国住房自有率约73%。贝壳统计粤港澳大湾区11城中有8城的住房自有率低于60%，深圳仅为23.7%[①]。同时，从人均住房建筑面积角度来看，13个省份均低于全国均值（36.5平方米），其中广东不足30平方米，而河南等地高于41平方米（见图2.29）。在此基础上，我国东中西部，以及不同能级城市之间的住房供需情况差异显著。

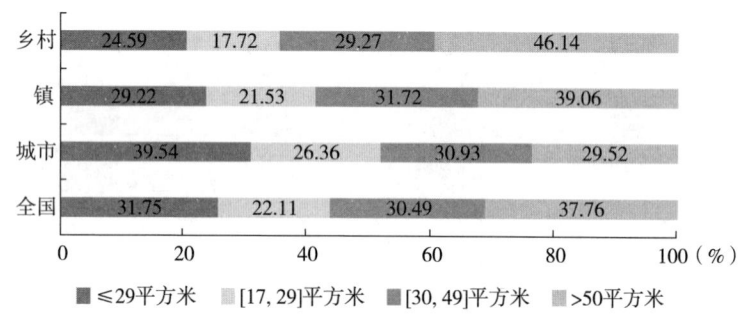

	≤29平方米	[17, 29]平方米	[30, 49]平方米	>50平方米
乡村	24.59	17.72	29.27	46.14
镇	29.22	21.53	31.72	39.06
城市	39.54	26.36	30.93	29.52
全国	31.75	22.11	30.49	37.76

图2.27　家庭户人均住房建筑面积情况

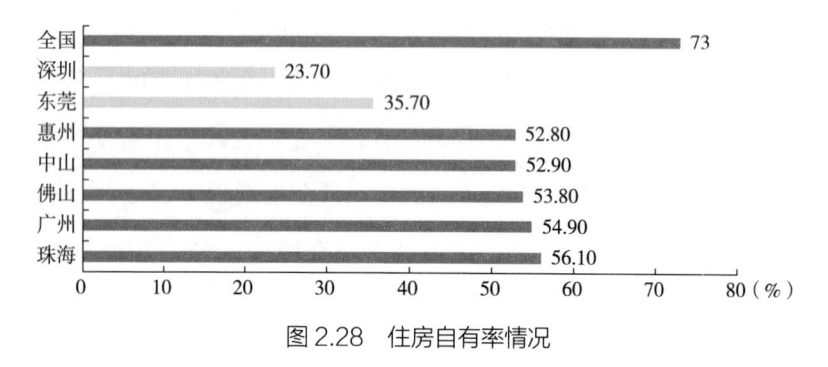

	住房自有率(%)
全国	73
深圳	23.70
东莞	35.70
惠州	52.80
中山	52.90
佛山	53.80
广州	54.90
珠海	56.10

图2.28　住房自有率情况

---

① 参见2019年贝壳研究院发布的《粤港澳大湾区房地产市场白皮书》。

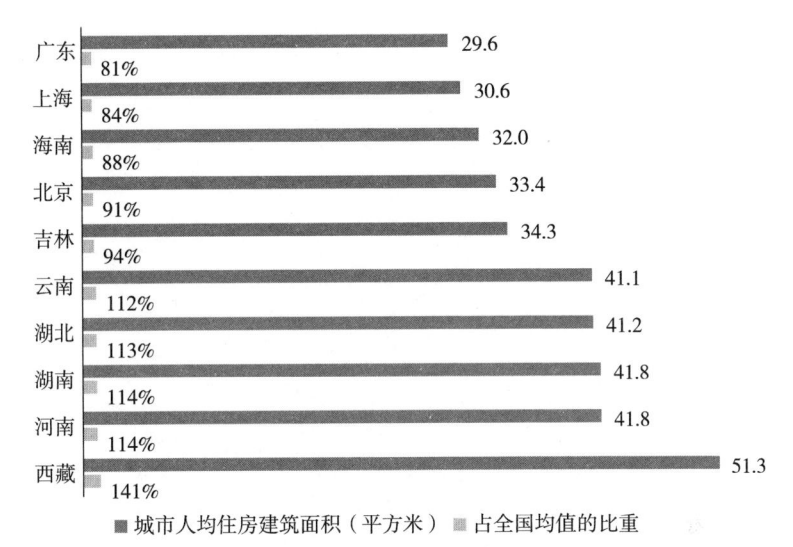

地区	城市人均住房建筑面积（平方米）	占全国均值的比重
广东	29.6	81%
上海	30.6	84%
海南	32.0	88%
北京	33.4	91%
吉林	34.3	94%
云南	41.1	112%
湖北	41.2	113%
湖南	41.8	114%
河南	41.8	114%
西藏	51.3	141%

图 2.29 城市人均住房建筑面积排名前五和后五的地区

此外，不同城市之间住房供给不足与供给库存压力大并存。重点都市圈和区域中心城市持续吸引人口流入，库存去化周期一直处于低位（见图 2.30），例如 2022 年 3 月，上海去化周期不足 6 个月。而其他城市，尤其是人口净流出地区，住房市场明显供过于求，房价下跌或有价无市，去化周期处于高位，库存风险较大。例如，2017—2020 年，部分城市住宅销售面积连续 3~4 年负增长，库存去化周期超过 2 年，但销售均价持续上涨，有价无市逐步显现；而更加疲态的地区新房售价连续下调，市场明显供过于求。尤其是 2021 年 6 月以来，新建商品住宅价格环比下跌的城市数量逐步增加，至同年 11 月，百城中价格环比下跌的城市有 53 个，较 10 月增加 22 个。房价上涨城市的平均涨幅企稳回升，但下跌城市的房价仍在下探，区域分化加剧。

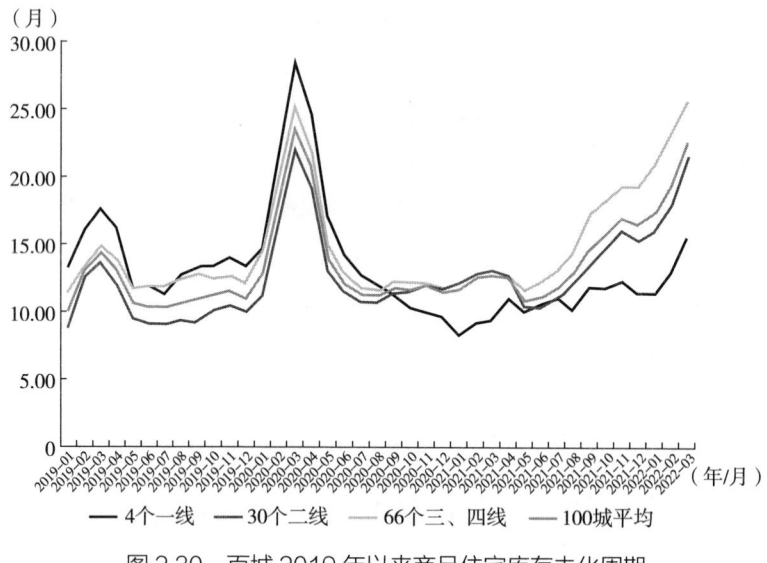

图 2.30　百城 2019 年以来商品住宅库存去化周期

资料来源：CRIC 中国房地产决策咨询系统。

2. 房价长期处于上涨通道，房价收入比高企

住房同时具有消费属性和资产属性，随着商品化改革和快速城镇化，住房商品价值快速提升；同时作为优质抵押品，住房进一步衍生出资产和金融属性，居民购房需求增加，而土地和住房供给缺乏弹性，房价不可避免会上涨。但在现阶段我国多套住房持有成本基本为零以及住房市场长效机制缺乏的背景下，住房市场在一定程度上出现过度商品化的问题，购房后空置比重较高，投资倾向突出。据西南财经大学测算，2017 年我国住房空置率为

21.40%，远高于日本（2023年，14%）[①]、美国（2022年，出租房屋空置率5.8%，自住房屋空置率0.8%）[②]、德国（2019年，东部各州8%）[③]等。

根据国家统计局的数据，从房改后全国商品房整体均价处在上涨通道。1998—2000年，在东南亚金融危机等因素的影响下，全国房价微涨。自2001年全国平均房价的单价迈过2 000元关口后，除2008年因受美国次贷危机影响当年房价略有下降外，我国平均房价持续保持上涨态势。1999—2020年年均涨幅为9.01%，2021年全国平均房价超过万元，达到10 139元/平方米，是1999年的5.5倍（见图2.31）。

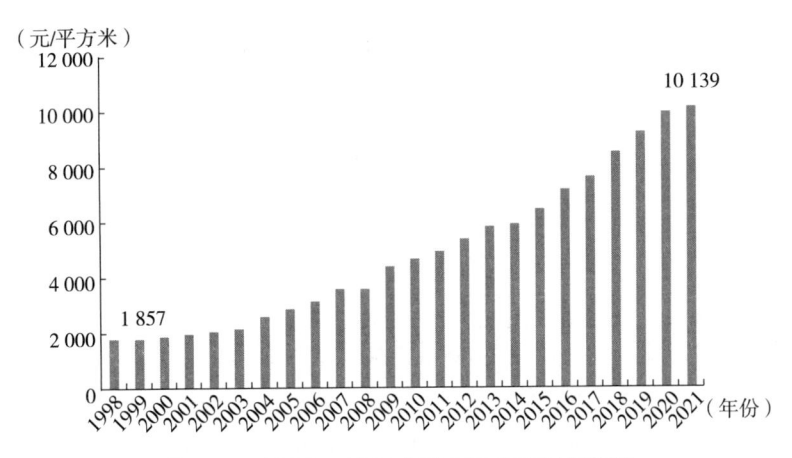

图2.31 1998—2021年全国住宅商品房均价

[①] 参见日本总务省。
[②] 参见美国商务部普查局。
[③] 参见德国统计局。

从城市能级来看，2012年以前，一、二、三线城市房价上涨幅度接近。2012—2015年，不同城市之间房价涨幅出现显著分化，一线城市房价涨幅较快，二、三线城市房价则在微涨后呈现下跌趋势；2015—2017年，受"3·30新政"、棚改货币化安置等系列政策影响，一、二、三线城市房价均呈上涨态势（见图2.32），但一线城市涨幅更大；2017年之后，受房地产调控政策的有力影响，一线城市涨幅基本保持稳定，二、三线城市房价保持温和上涨。

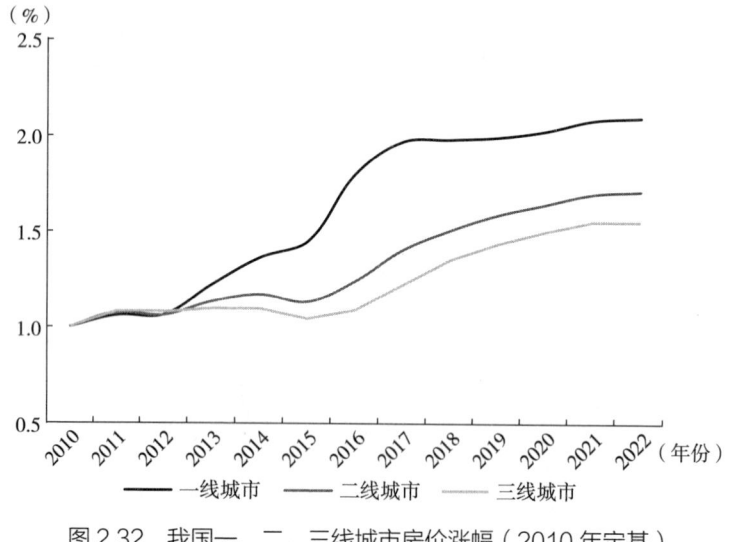

图2.32 我国一、二、三线城市房价涨幅（2010年定基）

从典型城市来看，四个一线城市中，北京、上海、深圳的房价绝对值和涨幅变动趋势较为一致（见图2.33）。2021年末深圳样本住宅均价5.42万元/平方米，较2010年增长了1.3倍；北京和上海均价分别为4.43万元/平方米和5.15万元/平方米，较

2010年分别增长了0.9倍和1倍。受城区面积、土地供应、周边区域居住替代效应和流动人口规模等因素的影响，广州房价显著低于地理位置和经济发展水平相近的深圳。

从房价收入比角度（见图2.34），从可比口径看，一线城市市中心房价收入比普遍超过30[①]，过去10年年均增长0.8。其中，上海、深圳以及北京三城位列全球房价收入比前十。二、三线城市房价收入比维持在10~15，而美国一套家庭住宅的价格平均值是美国家庭年收入平均值的5倍左右，相比之下，我国的房价收入比相对较高。

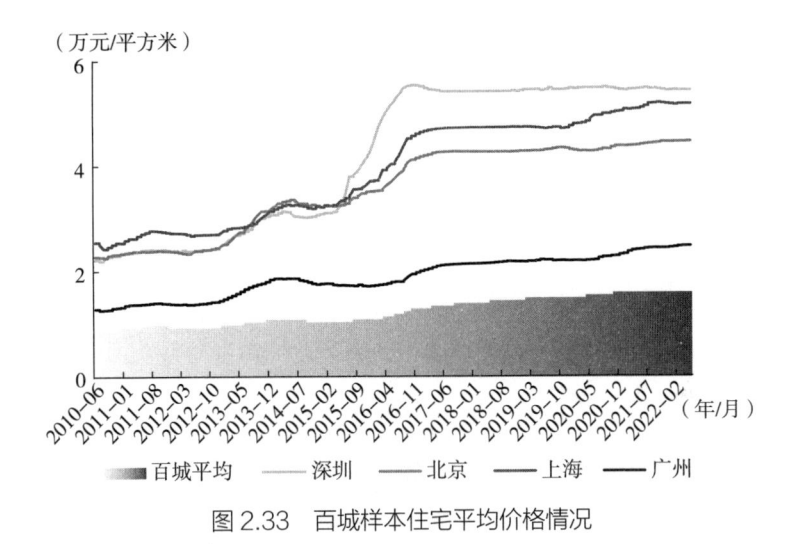

图2.33 百城样本住宅平均价格情况

资料来源：中指研究院，百城样本住宅房价。

---

① 参见诸葛找房。

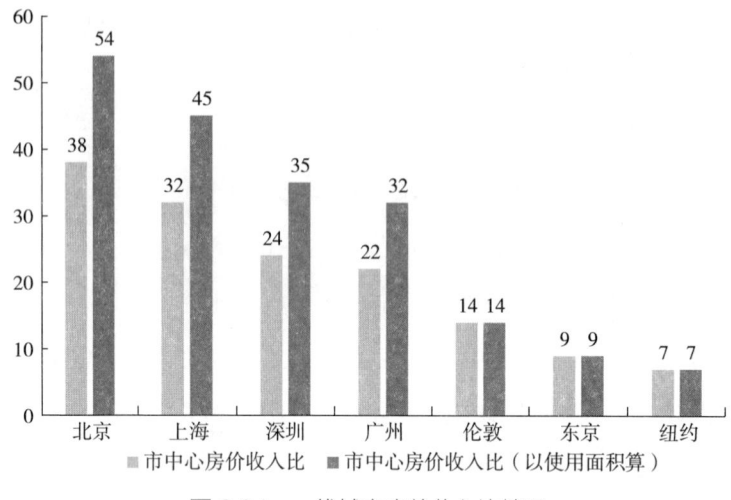

图 2.34　一线城市房价收入比情况

3. 城乡住房二元结构，农村存量住房利用率较低

在我国城乡二元土地和住房体系下，城镇住房兼具消费和资产属性，住房市场发展迅速；农村住房有成本价无市场价，基本只发挥居住功能。面对农村宅基地和住宅产权严重受限、难以流转的基本矛盾，人口的大量流动在事实上未能带来城乡土地和住房资源的优化配置，反而不断加剧资源错配问题，人口与住房城镇化失调。2020年，我国常住人口城镇化率（64%）显著高于城镇住房总面积占比（54%），两个指标之间的差距从2000年的2%扩大至10%（见图2.35），总体呈现出城镇住房增速慢于城镇人口增速、城镇住房相对紧张、农村住房资源丰富的状态。

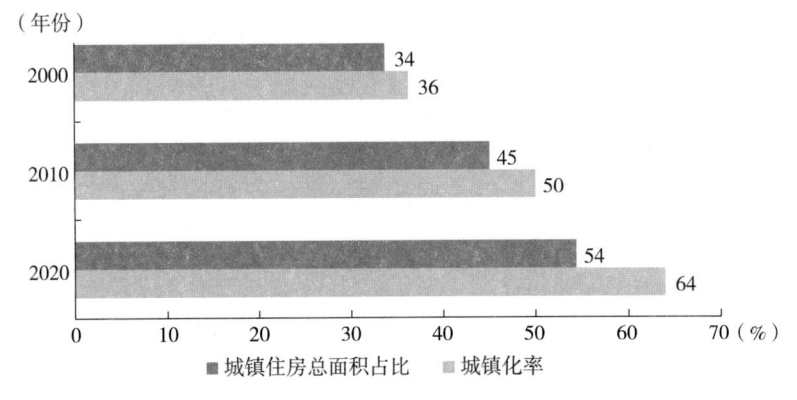

图 2.35 城镇住房总面积占比与城镇常住人口占比

人房错配之下，我国城镇住房或供地的结构性短缺和农村宅基地资源浪费两大问题并存。2008—2021 年，北京、上海、深圳住宅用地供应面积平均占比为 28%（首尔为 57%），成交土地平均溢价率为 24%。据笔者测算，我国农村住房空置率约为 27%（见表 2.4），共计 6 586 万套住房处于空置状态。[①] 根据卫计委 2017 年流动人口监测数据，68.5% 的农村户籍流动人口家庭在农村有宅基地，每户平均 70 平方米，其中有 21% 的家庭已在城市购买住房，其在农村的住房可能形成永久性空置。

表 2.4　2020 年我国农村住房空置情况

项目	数据
住房总套数（万套）	23 988
出租套数（万套）	575

---

① 测算方法：基于住房总量，不考虑宿舍、工棚等类住宅以及多套房家庭的临时性居住需求，结合租赁、购买、自建等不同住房来源的数据进行测算。

续表

项目	数据
出租房屋比例（%）	2.4
自住套数（万套）	16 833
自住房屋比例（%）	70.2
空置套数（万套）	6 586
空置率（%）	27.4

此外，在城乡二元结构下，非正规住房成为城镇住房的有力补充，但规范性不足。与传统认知类似，城中村在统计上被纳入城镇，但其住房用地以宅基地和集体建设用地为主，同时以居民自建而不是企业开发为主，多形成产权不完整的非正规住房。非正规住房以低租金解决了众多流动人口的住房需要，吸引部分群体放弃居住品质或完整权利换取较低住房成本，成为城镇住房的有力补充，例如，据卫计委统计，在城中村居住的家庭，平均月收入比市区居住家庭低16.5%，但其住房成本比市区家庭低55.2%。

尤其是北京、广州、深圳等超大城市的城中村数量较多，例如2022年，深圳城中村自建房约580万套，占全市住房总量的51%，其中70%多用于租赁；2019年广州城中村建设用地面积相当于城市建设用地面积的80%，城中村的常住人口占全市常住人口的43.3%，其中新市民有429万人，占全市新市民的76.7%。[1]但也因部分住房违法违建、环境和安全性差等，很多城市对非正规住房实施了拆迁改造，不过由于拆迁补偿成本、住房安置等问题，耗时较长。

---

[1] 参见叶裕民、张理政、孙玥、王洁晶：《破解城中村更新和新市民住房"孪生难题"的联动机制研究——以广州市为例》，《中国人民大学学报》，2020年第2期。

4. 租赁房源机构化率低，租赁人口居住品质较差

住房租赁是房屋所有者将房屋使用价值阶段让渡的行为，承担着实现众多缺乏购房能力或流动性较大群体能够住有所居的民生责任。租赁需求与城镇化和流动人口相伴而生，同时房价上涨和居民支付能力约束暂时将部分购房需求推向租赁市场。目前，我国15.0%的人口居住在租赁的住房中，比2010年增长3.05个百分点，其中城市租赁人口占比为25.5%，较2010年略有下降。总体来看，我国（除北京、上海）租赁人口规模的变化符合高城镇化率带来高租赁需求的发展规律，但是总体租赁人口占比仍偏低，位于全球城镇化率与租赁人口占比的趋势线以下（见图2.36）。随着城镇化的推进和人口流动规模的增加，我国租赁群体数量仍有较大增长空间。

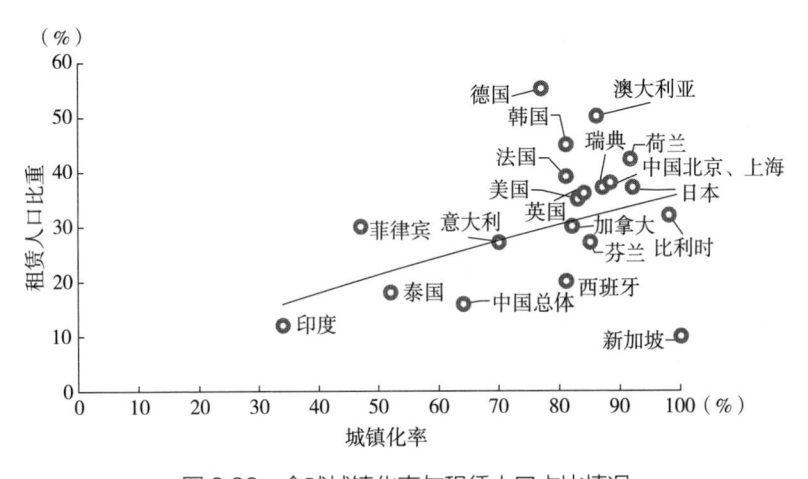

图2.36 全球城镇化率与租赁人口占比情况

与租赁人口规模快速增长不同步的是，目前我国租赁人口尤其是农民工的居住品质较差。据 2017 年卫计委流动人口动态监测数据，30% 的农民工群体居住在城中村，48.54% 的农民工群体租金收入比低于 10%，更倾向于通过缩减住房面积和降低居住品质换取低租金，这导致农民工群体的人均住房建筑面积仅 21.5 平方米，约为全国均值的一半，尤其在大城市，农民工人均住房建筑面积仅 17 平方米，且住房配套设施和环境较差。同时，我国租赁需求显著分层。在一线、新一线等 10 个重点城市中，超过 25% 的城镇流动人口的租金收入比超过 30%，同时，城镇有房家庭出于工作或子女教育产生的成套租赁需求对区位和品质要求更高，租金支付能力也相对较高。不同群体居住需求的差异反映出未来我国租赁市场分层发展，提供差异化租赁住房的必然趋势。租赁人口平均月租金分布见图 2.37。

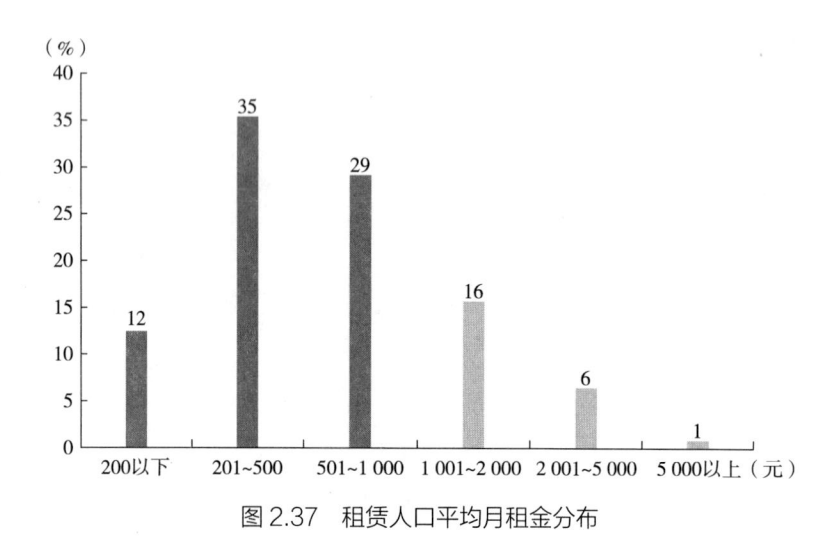

图 2.37 租赁人口平均月租金分布

值得注意的是，长期以来，我国租赁市场在一定程度上处于缺乏监管的状态。一方面是由于我国租赁市场的机构化渗透率不足 5%，即使在一线核心城市，机构持有管理运营的租赁房源也不到 20%，远低于欧美等国由专业机构持有运营和机构托管的房源，美国占比为 54.7%，英国为 66%，德国为 48%，日本为 83%。[1] 我国以散租为主的租赁房源结构，监管难度大。另一方面是监管力度较低。以蛋壳为代表，部分高杠杆经营的租赁企业暴雷事件，推动了我国加强租赁企业从业管理，开展住房租赁资金监管等，但由于住房租赁行业缺乏专门立法，租户权益保障不足，存在租赁关系不稳定、合同备案率低等问题，也成为当前的主要痛点，不规范的中介服务也成为扰乱市场秩序、哄抬房价的重要因素（租客认为影响居住品质的因素见图 2.38）。

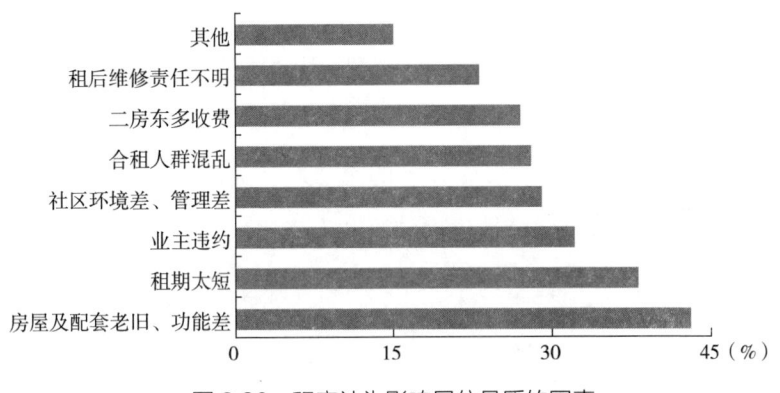

图 2.38　租客认为影响居住品质的因素

资料来源：链家，笔者整理。

---

[1] 参见贝壳研究院。

5. 保障性住房区域性房源不足与空置并存

我国的住房保障体系，从重点向城镇户籍的收入水平较低与财富积累能力较差的群体提供住房兜底服务，逐步覆盖至范围更广、不限制收入、不限制户籍、约3亿规模的新市民和青年人。住房保障形式仍以实物保障为主，但保障需求集中的大城市普遍存在房源不足的问题。其中有土地落实难等原因，相当多的建设计划被安排在县域或城市边缘地区，并且目前建设的定向安置棚改房和对支付能力要求较高的产权类保障房较多，公租房（含廉租房）共建设1 905万套[①]，占保障性住房的比重为21.14%，大城市普遍存在轮候时间长的问题。例如，2021年北京市丰台区公租房轮候5年以上的家庭占比30.37%，轮候10年以上的家庭占比4.6%。

尤其是广大流动人口难以享受城镇住房保障政策。除2021年新推出的保障性租赁住房不限户籍，已有保障性住房在实践中多优先城镇户籍人口，95%以上的流动人口需要通过市场解决居住问题，居住政府保障性住房的流动人口比重仅为2.22%，其中租住公租房的人口比重约1.00%，购买保障性租赁住房的人口比重约1.22%（见图2.39）。

---

① 笔者根据住建部、财政部等数据测算。

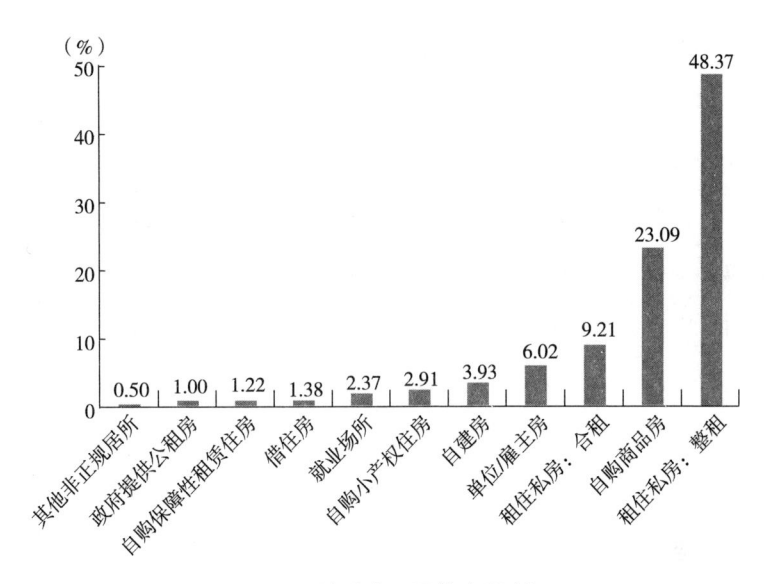

图 2.39 流动人口居住房屋来源

资料来源：卫计委 2017 年发布的报告。

同时，配套设施欠完善和供需匹配性较低也导致部分房源空置。据审计署发布的 2018 年保障性安居工程资金投入和使用绩效审计结果，6.06 万套公租房因消防验收不合格、配套设施建设滞后等，建成 1 年后未达到交付使用条件；18.41 万套公租房因位置偏远等，建成后空置 1 年以上。与此同时，截至 2021 年末，我国已有 82 个城市计划在 2025 年之前筹集超过 770 万套保租房，其中部分城市新建保租房数量将达到计划筹集总数的 50%，若配套建设等滞后，可能产生新的配置不当、住房空置问题。

此外，我国在住房保障领域的相关规定主要以政府文件或政策形式出台，而不是更具权威性的法律法规，缺乏统一的、高层次的立法，使住房保障制度体系缺乏足够有力的法律依据和支持，存在保障对象的信息收集难、动态管理难和退出难等问题。从他国经验来看，日本1951年颁布实施的《公营住宅法》规定，由日本各级政府建造并管理向低收入者出租的住宅；美国先后通过了《住房法》和《住房与城市发展法》等，明确了提供房租补贴和帮助低收入家庭获得房屋所有权等，有效推动了住房商品市场和住房保障之间的结构性平衡。

第三节　中国住房市场的长期影响因素与未来趋势

在促进房地产市场平稳健康发展的背景下，针对发展不平衡、不充分的突出问题，未来我国住房市场发展将更加注重满足人民群众日益增长的美好居住生活需要，这既包括人口自然增长和城镇化带来的刚性住房需求，也包括人民居住需求升级带来的改善性住房需求。本部分将从住房市场需求的长期影响因素展开分析，在此基础上，对未来（2022—2035年）我国住房需求总量及结构趋势进行初步定量评估。

一、中国住房市场长期影响因素

1. 人口因素

"居者有其屋"，房子归根结底是用来住的，长期来看，人口是影响住房市场规模的重要因素。人口数量与结构对住房市场的总体规模、需求类型等都会产生不同的影响。

（1）人口数量影响住房市场规模，劳动年龄人口或主力购房人口起决定性作用

从其他国家的住房市场来看，人口对其影响呈现出规律性特征。以美国为例，2008年以前，新建私人住宅套数与劳动年龄人口（15~59岁）数量呈现相似走势；随后千禧一代成家立业，主力购房人口（25~44岁）数量推动住房需求持续增加。英国新屋开工数也与主力购房人口数量密切相关（见图2.40）。日本住房建设量的拐点与劳动年龄人口数拐点基本重合，日本劳动年龄人口数下降的拐点是1996年，而住房新开工面积下降的拐点是1997年。

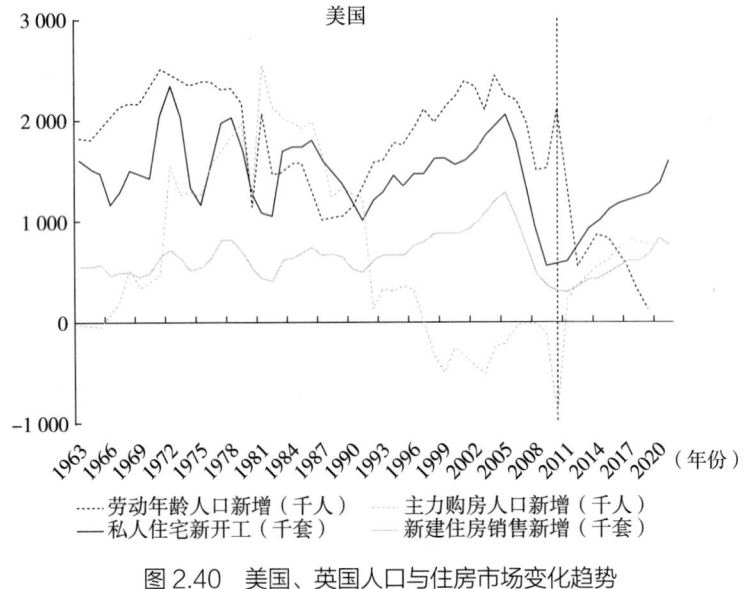

图2.40 美国、英国人口与住房市场变化趋势

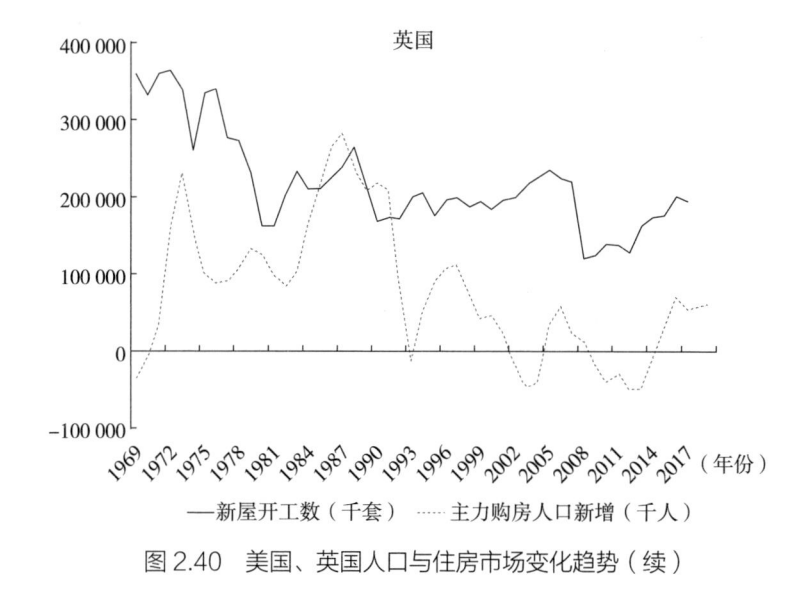

图 2.40　美国、英国人口与住房市场变化趋势（续）

我国劳动年龄人口数早在 2012 年就达到峰值——9.22 亿人，主力购房人口数在 2015 年达到峰值——4.48 亿人。笔者基于国家统计局每年 1‰ 的抽样调查数据[①]，采取队列要素法预测未来人口趋势。我国劳动年龄人口数和主力购房人口数将持续下滑（见图 2.41），预计到 2025 年、2030 年、2035 年，劳动年龄人口较峰值分别下降 4 587 万人、9 139 万人、1.33 亿人，到 2035 年劳动年龄人口降至峰值的 86%；主力购房人口分别下降 4 014 万人、7 072 万人、1.24 亿人，到 2035 年主力购房人口降至峰值的 72%。基于人口增量，预计我国住房市场增量空间将逐步下降。

---

① 本章除分析人口总量变化趋势外，还需重点考察人口年龄结构，以针对性地讨论不同年龄段的住房需求。因此，选用 1‰ 抽样调查数据作为主要基础数据。

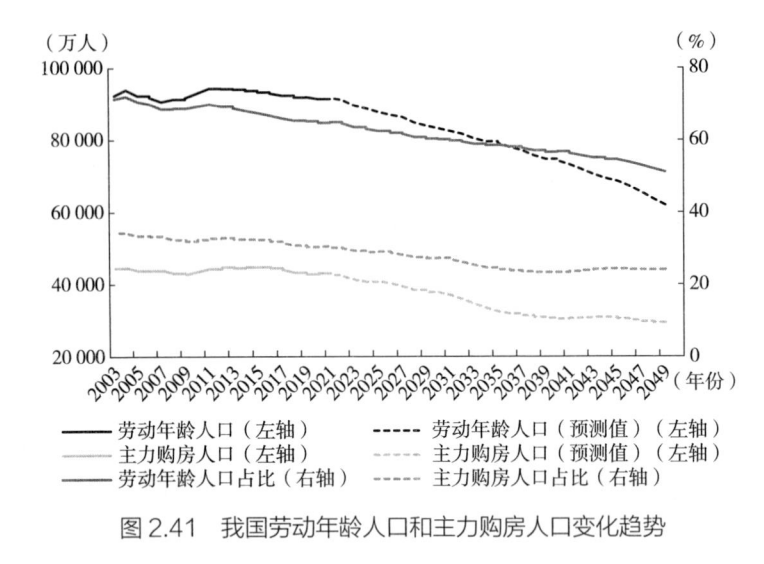

图2.41 我国劳动年龄人口和主力购房人口变化趋势

（2）年龄结构将影响住房需求类型，未来首套置业需求会显著回落，而租赁、改善及住房养老需求会增加

消费者房产生命周期理论认为，消费者对住房的需求将贯穿其整个生命周期，不同的年龄段有着不同的需求类型特征。参考美国学者哈瑞·丹特的研究[1]，结合我国实际情况归纳不同年龄段的需求特征。比如，美国首次购房者的平均年龄为33岁左右，我国首次购房者的平均年龄有所提前，大概率不超过30岁；美国46~54岁年龄人口开始追求度假房产时，我国同龄人还在为改善住房而努力。因此，我国不同年龄段的主要住房需求特征如下：15~24岁人群住房需求的主要特征是以租赁为主，25~34岁人群住房需求的特征是以首次购房为主，35~59岁人群住房需求

---

[1] 参见哈瑞·丹特：《人口峭壁》，中信出版社，2014年。

的特征是以改善需求为主，60岁以上人群住房需求的特征是以养老需求为主。

未来我国人口年龄结构将发生深刻变化（见图2.42），逐步演变成"火炬"型。2020年各年龄段人口数量较为均衡，占比最小的10~19岁人群为10.47%，占比最大的60岁以上人群为18.87%，人口结构分布呈现青少年群体数量多而老年群体数量少。随着人口老龄化及少子化趋势的逐步发展，未来将逐步演变为青少年群体数量少而老年群体数量多的"火炬"型。人口结构的变化将对住房需求产生影响。

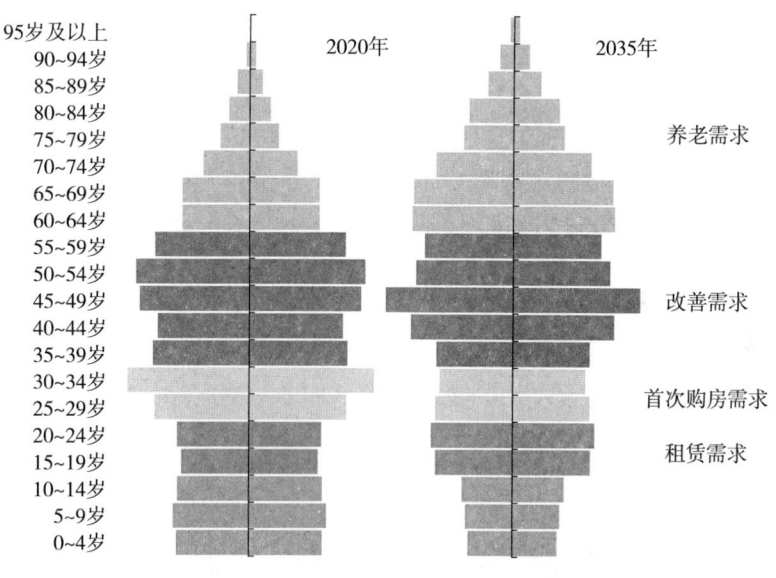

图2.42 我国人口年龄结构变化趋势

一方面，首套购房需求或将回落。25~34岁人口在2016年已达到2.33亿人的峰值，随后一路下滑。根据预测，2028年将降至约1.5亿人,并一直维持到2035年。25~34岁人群是首次购房的重要群体。因此,该年龄段人口持续下滑或将对首套住房需求形成制约。

另一方面,租赁及养老需求将有所增加。15~24岁人口数随后将缓慢回升,2030—2035年大概率维持在1.6亿人左右,或将显著推动租赁需求增加。而随着我国人口老龄化程度进一步加深,60岁以上人口数持续增加,2032年或将达到4亿人,对适老化住房需求将显著增加。

2. 城镇化因素

(1)城镇化发展能促进房地产市场的发展

根据各国城镇化发展的基本规律,城镇化的发展会带来人口的集中,人口集中又会促进房地产的发展,所以城镇化和房地产的发展密切相关。在城镇化发展过程中,农村人口逐步向城镇转移,城镇人口之间也相互迁移,并不断向大城市集中。人口流入一定程度上增加了住房需求,城市必须推动房地产建设,给增加人口提供相应的居住空间。以我国城镇化发展为例,1995年我国城镇化率仅为29.04%,当年施工房屋面积为4.67亿平方米。经过近30年的发展,截至2021年,我国城镇化率提高到64.72%,较1995年增加了近36个百分点,而施工房屋面积大幅增加97.54亿平方米,增长近21倍(城镇化率与施工房屋面积的关系见图2.43)。城镇化发展带来的人口流入,是支持房地产需求的重要因素之一。

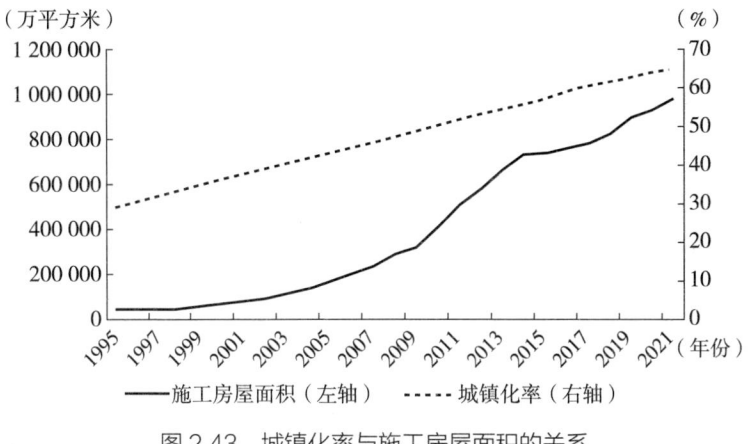

图 2.43 城镇化率与施工房屋面积的关系

（2）城镇化发展模式也会影响住房市场发展

城镇化主要蕴含两种不同的发展趋向——均衡化、集中化，在两种趋向下，发达国家一般有三种发展模式。

第一种模式是"均衡化"，代表国家是德国，突出强调城市"小而美"，单个城市规模小、数量多，形成均衡发展的雁阵布局，德国2 065个城市中，82个10万人口以上的行政区生活着2 530万人，占德国总人口的30%；其余人口则多数分布在2 000~10 000人的小型城镇里。这种模式下，德国房地产市场平稳发展，租购比例合理，房价涨跌幅度可控，供给需求匹配。

第二种模式是"集中化"，代表国家是日本，其突出特点是特大城市"摊大饼"式发展，其中"东京都市圈"人口数量超过3 700万人，约占日本总人口的30%，这种模式通常容易出现"大城市病"，还会催生房地产泡沫。

第三种模式是"先集中后均衡"，代表国家是美国。先通过

"集中化"发展纽约、旧金山、芝加哥等大城市,然后通过大城市辐射带动中小城市,形成"均衡化"布局。小城市发展中注重推进区域城乡一体化、公共服务均等化,缩小与大城市之间的差别。这种模式下,虽然城市间的房价存在较大的差距,但与居民平均收入相互匹配,形成了"高来高去、低来低去"的差异化、均衡化住房市场。而且,美国一套家庭住宅的价格平均值是美国家庭年收入平均值的5倍左右,因此对于居民而言,房价收入比基本在可承受范围内。

对比发达国家,虽然我国城镇化速度较快,但目前主要问题是大城市和中小城市发展不平衡、不协调,公共服务不均等。以大企业分布为例,中国世界500强企业的集中度远高于美国,美国有61%的世界500强企业分布在三大城市群以外的城市(见图2.44),中国有约27%的世界500强企业分布在三大城市群以外(见图2.45)。从医疗和教育资源分布看,中国一线城市优质医院和学校大部分集中在中心城区(北京市三甲医院分布情况见图2.46)。

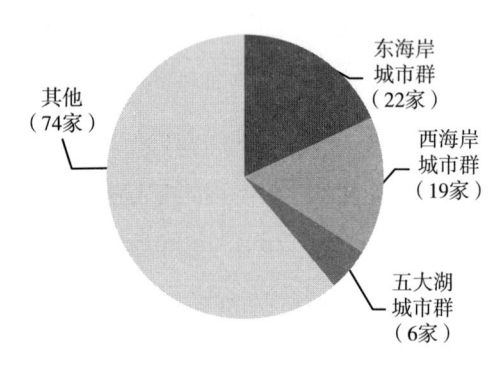

图2.44 美国世界500强企业分布

资料来源:Wind,笔者整理。

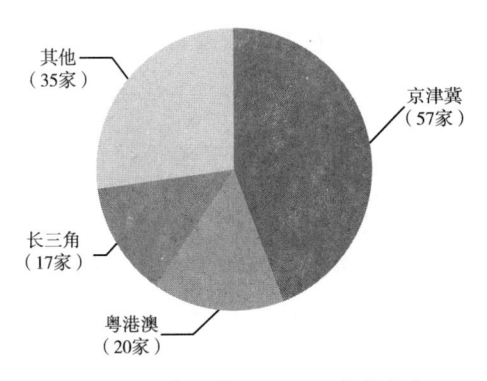

图 2.45　中国世界 500 强企业分布

资料来源：Wind，笔者整理。

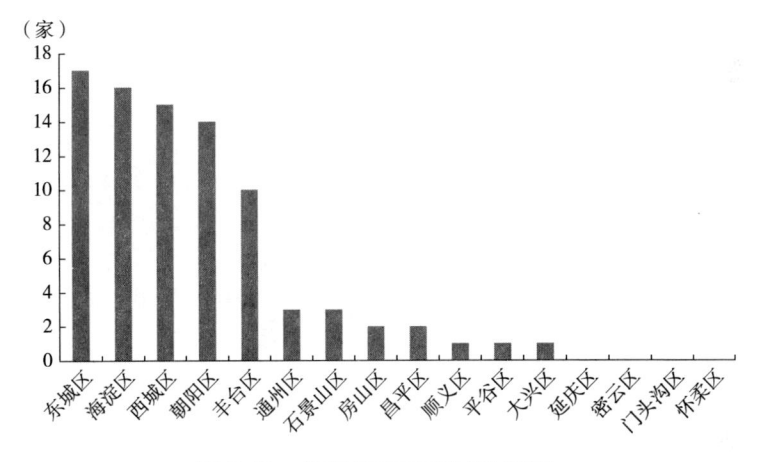

图 2.46　北京市三甲医院分布情况

3. 改善性因素

随着人口和主力购房人群的数量见顶回落，城镇化进程放缓，首套购房需求会稳步下降，但人民对美好生活的向往绝不会止步。因此，基于居住面积和品质的改善性需求将会增加。

（1）我国当前人均居住面积仅与韩国、新加坡相当，未来改善空间可观

自改革开放以来，我国居住空间得到了巨大的改善，但与欧美国家相比，仍然存在一定差距（见图2.47）。根据有关机构的统计，美国、澳大利亚等地广人稀的国家，城镇人均居住面积均超过60平方米；老牌发达国家英国、德国、法国，城镇人均居住面积均超过40平方米。当前，我国居民人均住房建筑面积接近40平方米，但扣除公摊，城镇人均实际居住面积为28.52平方米，与韩国、新加坡相当，与欧美国家差距较大。

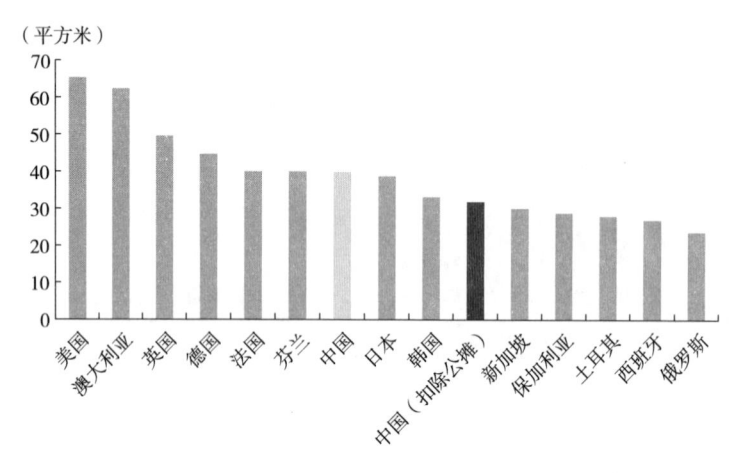

图2.47　一些国家城镇人均居住面积

（2）居住品质也有进一步提升的空间

品质改善体现为住房条件明显改善，通过实施旧房改造、城市更新等，新的住房需求会被激发。根据2020年第七次全国人口普查数据，我国4.2%的家庭户居住在1980年之前建成的房屋

中，约 192 万户；10.2% 的家庭户居住在 1980—1989 建成的房屋中，约 469 万户。到 2035 年，这些老旧住房的房龄基本超过 50 年，绝大多数需要陆续更新重建。同时，我国住房电梯等配套设施仍然不足，城市有电梯住房占比仅 37%，镇里有电梯住房占比仅 17%，7 层以下住房基本未配备电梯。随着我国人口老龄化率上升，无电梯住房加装电梯，或购买有电梯住房的需求在一定意义上成为刚需。

二、2022—2035 年中国住房总需求预测

中央多次提出要促进房地产市场平稳健康发展。探索未来房地产行业健康发展模式，首先要认识房地产行业发展的规律，摸清未来的住房需求，提前做好发展规划。根据住房需求的迫切程度，笔者将未来新增住房需求分为三类：刚性需求（异地城镇化人口的住房需求）、拆迁需求（拆迁安置带来的住房需求[①]）和改善需求（人均住房建筑面积增加带来的住房需求[②]）。结合对我国人口总数与城镇化趋势的预测，笔者对 2022—2035 年住房总需求进行了初步测算。

---

① 拆迁安置需求属于半刚性需求，是因为绝大部分拆迁户都能获得超面积补偿，超面积部分一般是地方政府和原住户协商博弈的结果，并不是完全刚性的。
② 人们改善居住条件，增加人均居住面积的改善性需求，是基于个人可支配收入、家庭成员变化、房价水平等多种因素的，且因人而异。因此，基于人均住房建筑面积增加带来的改善性需求是灵活性需求。

1. 人口总数与城镇化趋势的预测

要测算 2022—2035 年我国住房总需求，需要对未来我国人口总数与城镇化趋势进行相应预测和判断。

（1）人口总数预测（2022—2035 年）

下面通过队列要素法对未来人口总数进行预测（见图 2.48），选用 1‰ 抽样调查数据作为主要基础数据，先将某基期人口按年龄划分，然后结合不同的出生率、死亡率、迁移率等参数估算后得出悲观、中性和乐观结论。中性结论[①]认为，人口总数 2028 年将降至 14 亿人以下，2035 年为 13.5 亿人。

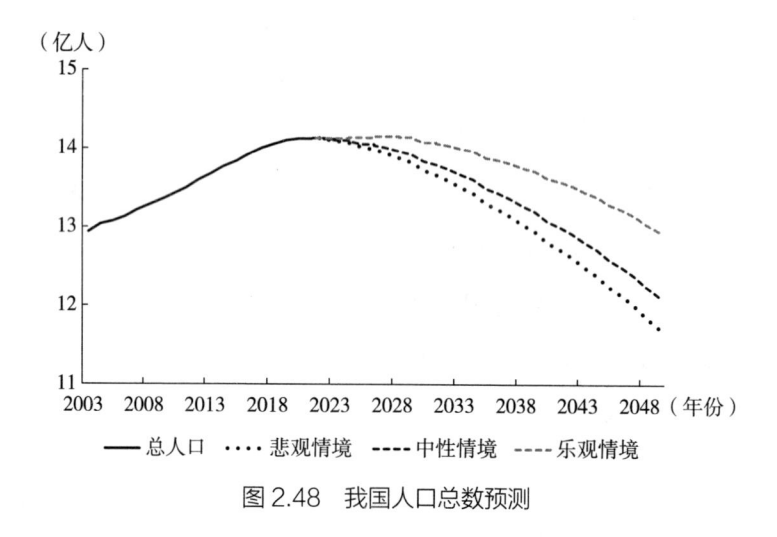

图 2.48 我国人口总数预测

---

① 本文涉及人口预测的数据均以中性结论为基础。

（2）城镇化趋势预测（2022—2035年）

笔者通过曲线拟合法对城镇化率进行模拟测算后得出，我国城镇化率将会在2025年、2030年、2035年分别达到69.21%、74.27%、78.75%（见图2.49）。

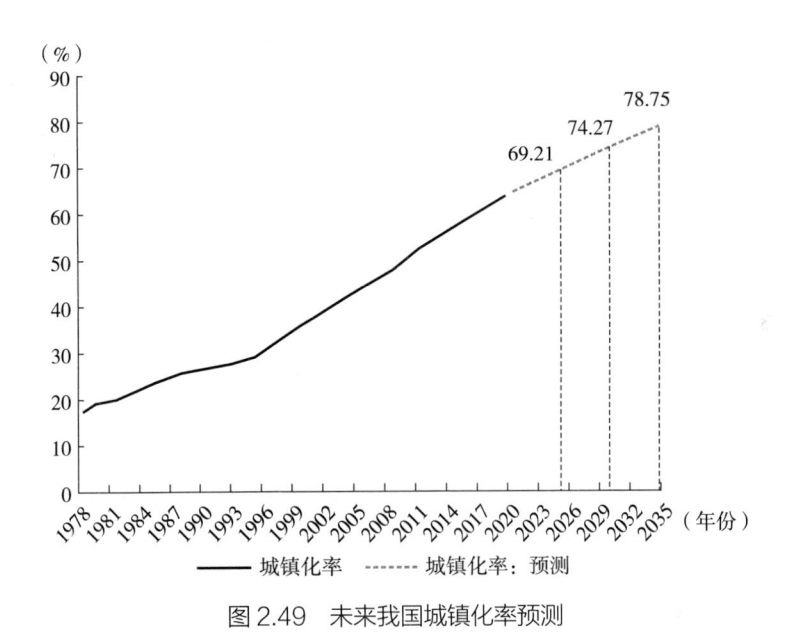

图2.49 未来我国城镇化率预测

根据笔者对全国人口总数和城镇化趋势的预测，预计到2025年、2030年、2035年，我国城镇常住人口将分别达到97 244万人、138 333万人、134 879万人。2021—2025年、2026—2030年、2031—2035年，城镇常住人口将分别新增7 024万人、5 495万人、3 480万人。新增城镇常住人口将会带来城镇住房需求的增加（新增城镇常住人口变化与城镇化率变化情况见图2.50）。

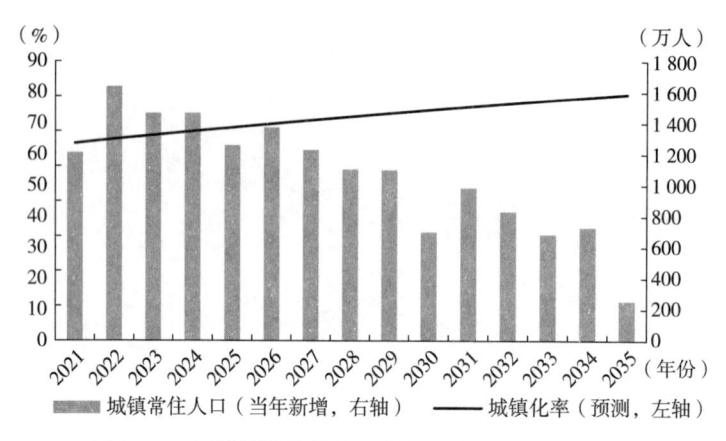

图 2.50　新增城镇常住人口变化与城镇化率变化情况

资料来源：Wind，住房和城乡建设部，笔者测算。

2. 基于城镇化发展的住房刚性需求

刚性需求是人口从农村向城镇异地转移带来的刚性住房需求。异地城镇化包含由镇搬迁到县城、由县城搬迁到城市的就近城镇化，也包含不同城市之间的跨地域城镇化（排除行政村改制为行政镇的就地城镇化，因为这类城镇化不产生新增住房需求）。清华大学吴璟等人[①]测算，2001—2010年异地城镇化人口在新增城镇化人口中的占比约为62.6%，2011—2015年降为44.7%。20世纪80年代以来，我国实施了"严格控制大城市、合理发展中等城市和小城市、积极发展小城镇"的城市发展方针，经过30余年的实施，我国城镇和农村地区实现了飞速发展。近年来，在

---

① 参见吴璟、徐曼迪：《中国城镇新增住房需求规模的测算与分析》，《统计研究》，2021年第9期。

打赢脱贫攻坚战的同时，国家在促进农村和城镇化发展方面，先后提出新型城镇化、乡村振兴、共同富裕战略。未来，就地城镇化比例将进一步提高，异地城镇化比例增速将放缓。假定2021—2035年新增城镇人口中的异地占比保持2011—2015年44.7%的水平，那么：

$$刚性需求 = 新增城镇常住人口 \times 异地城镇化人口占比 \times 城镇常住人均住房建筑面积^{①}$$

根据公式计算，2021—2035年住房刚性需求总计27.19亿平方米（见图2.51），其中2021—2025年、2026—2030年、2031—2035年住房刚性需求分别为11.94亿平方米、9.34亿平方米、5.92亿平方米。

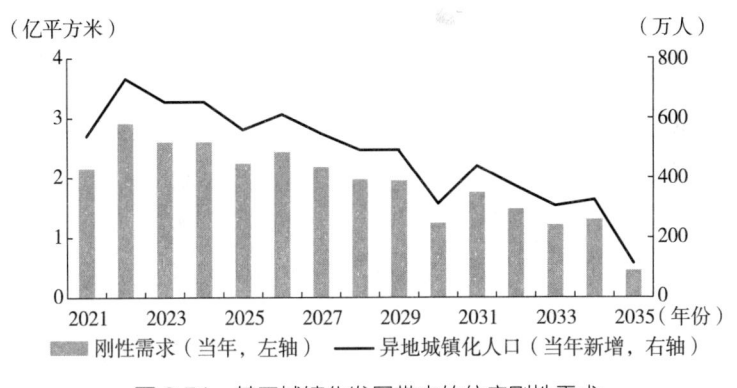

图2.51 基于城镇化发展带来的住房刚性需求

---

① 根据国家统计局第七次全国人口普查数据计算，2020年城镇人均住房建筑面积为38.02平方米。

3. 基于城市更新的住房拆迁需求

拆迁需求是由于城市更新需要，旧房拆迁后，在原住房建筑面积的基础上再建的住房需求。2021年8月，住建部发布《关于在实施城市更新行动中防止大拆大建问题的通知（征求意见稿）》，规定严格控制大规模拆除和增建，"原则上老城区更新单元（片区）或项目内拆除建筑面积不应大于现状总建筑面积的20%"。据此规定，假设2021—2035年这15年间，房龄在50年以上（1980年以前建成房屋）、41~50年（1980—1989年建成房屋）、31~40年（1990—1999年建成房屋）的拆除量占2020年各楼龄段房屋存量的比例分别为50%、30%、10%。2000年以后建成的房屋以商品房为主，楼龄较新，考虑到城市更新中防止大拆大建的政策要求，假定2000年以后建成的房屋不拆除。第七次全国人口普查数据显示，于1980年以前建成、20世纪80年代建成、20世纪90年代建成的房屋占比分别为4.2%、10.2%、20.6%，得到2021—2035年共15年间的房屋拆除量占2020年存量房的比例为7.22%。按照复合增长率计算，2021—2035年均拆除率约为0.497%，那么：

拆迁需求＝城镇住房存量（当期）× 年均住房拆除率 ×

（1+ 在原建筑面积基础上增加的比例）[1]

---

[1] 国内各地拆迁安置并没有统一标准，根据各地实践情况，将增加原建筑面积10%的安置面积作为统一测算的标准。

根据公式计算，2021—2035年，住房拆迁带来的住房需求总计24.54亿平方米（见图2.52），其中2021—2025年、2026—2030年、2031—2035年住房拆迁带来的住房需求分别为8.38亿平方米、8.18亿平方米、7.98亿平方米。

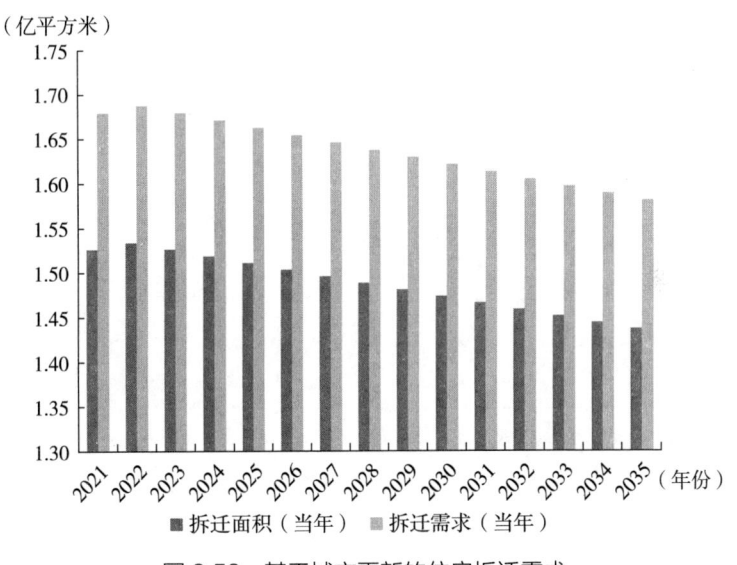

图2.52 基于城市更新的住房拆迁需求

4. 基于城镇人均住房建筑面积增加的改善需求

改善需求是城镇居民人均居住建筑面积增加带来的住房需求。未来随着我国新建住房质量的提升，城镇居民人均居住建筑面积也会相应增加，由此带来的住房需求会发生变化。由于拆迁需求中已经包含原建筑面积基础上的扩大部分，因此在计算改善需求的过程中，必须剔除这一部分：

改善需求＝城镇常住人口 ×T 期城镇居民人均住房

建筑面积增量[①]-T 期拆迁安置补偿面积[②]

根据公式计算，2021—2035 年，住房改善需求总计 81.88 亿平方米（见图 2.53），其中 2021—2025 年、2026—2030 年、2031—2035 年住房改善需求分别为 25.68 亿平方米、27.49 亿平方米、28.71 亿平方米。

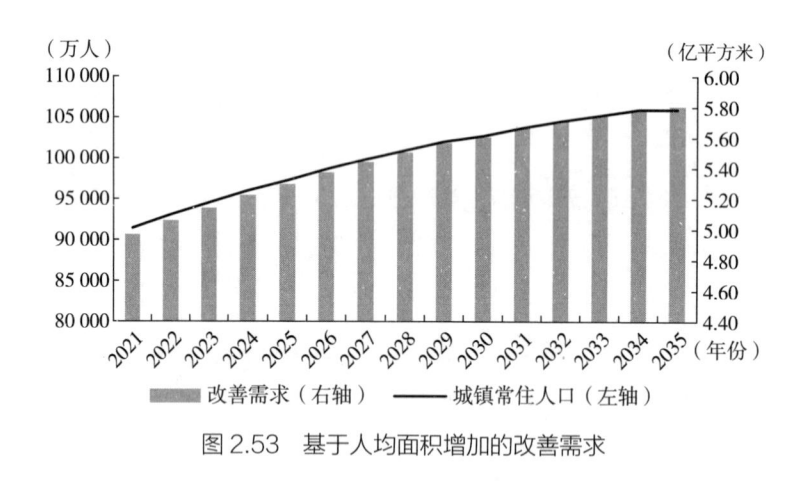

图 2.53 基于人均面积增加的改善需求

三、中国住房市场的演进趋势

结合以上我国住房市场的现状、长期影响因素和未来趋势预

---

① 国务院新闻办公室发布《改革开放 40 年中国人权事业的发展进步》白皮书，表示"2017 年，城镇居民、农村居民人均住房建筑面积分别为 36.9、46.7 平方米，比 1978 年分别增加 30.2、38.6 平方米"。未来房地产行业将步入调整期，故笔者对 2021—2035 年城镇居民人均住房建筑面积增量进行适当下调。
② T 期拆迁安置补偿面积从上文"基于城市更新的住房拆迁需求"中获得。

测情况，可以得出如下结论。

1. 住房总需求将呈现阶梯式下降的趋势，或推动中国经济增长模式和银行业务结构的转型

据测算，2021—2035年我国将有133.62亿平方米的住房消费需求释放，年均产生住房消费需求8.91亿平方米。相较于"十三五"期间住房市场73.51亿平方米的住宅交易规模，"十四五""十五五""十六五"期间降幅分别为37%、39%、42%（见表2.5）。住房总需求呈现阶梯式下降的特征，符合未来人口增长趋势、城镇化率变化趋势共同带动住房需求进入长期下行的判断。住房需求下降意味着将对地方政府土地出让收入、银行贷款、房企竞争格局产生影响，也势必影响未来我国经济增长模式及银行、房企的发展模式。

表2.5 我国住房总需求预测

时间	住房总需求（亿平方米）	年均住房总需求（亿平方米）	较"十三五"变化（%）
2021—2025年	46.00	9.20	-37
2026—2030年	45.01	9.00	-39
2031—2035年	42.61	8.52	-42
2021—2035年	133.62	8.91	

2. 住房市场将从"居者有其屋"向"居者优其屋"转变

随着新增人口的减少和城镇化进程的放缓，新增刚性住房

需求占比将下降，预计2021—2025年刚性需求占比为25.95%，2031—2035年该占比降为13.88%，拆迁需求占比由2021—2025年的18.21%提高到2031—2035年的18.73%，改善需求占比由2021—2025年的55.84%提高到2031—2035年的67.38%（见表2.6）。因此，未来要高度重视城市更新（包括城中村改造），让城市更"新"，生活更美好。

表2.6　我国不同住房需求类型预测

时间	刚性需求 绝对量（亿平方米）	占比（%）	拆迁需求 绝对量（亿平方米）	占比（%）	改善需求 绝对量（亿平方米）	占比（%）	合计（亿平方米）
2021—2025	11.94	25.95	8.38	18.21	25.68	55.84	46.00
2026—2030	9.34	20.75	8.18	18.18	27.49	61.07	45.01
2031—2035	5.92	13.88	7.98	18.73	28.71	67.38	42.61
2021—2035	27.19	20.35	24.54	18.37	81.89	61.28	133.62

3. 住房市场将从"重购轻租"向"租购并举"转变

从2015年中央经济工作会议首次提及发展住房租赁市场，并将"租赁并举"确立为我国住房制度改革的主要方向以来，我国住房租赁市场领域的顶层设计加快完善，政策红利不断释放。同时，随着社会经济的不断发展，以及人口流动和住房租赁主力人群的不断增长，我国住房租赁市场将不断扩大。据测算，基于3.76亿流动人口和租赁人口占比，我国租赁市场规模将超过2万亿元。

4. 住房市场将从"增量时代"向"增存并重时代"转变

从发达国家的经验看，存量市场的崛起是必然趋势。我国住房需求量的阶梯式下降并不代表房地产行业的消失，未来房地产开发仍有市场空间，住房销售不会出现断崖式下降，但也不会再现非理性繁荣，整个住房市场将逐步由增量市场转变为增存并重的市场，企业和市场的关注度将从前端开发向后端和资产服务转移。一方面，围绕存量住房的服务有巨大市场空间，租赁、改造、更新有望持续加大，真正实现从"居者有其屋"到"居者优其屋"的转变；另一方面，围绕存量住房的金融服务，如REITs、收购、兼并重组等，将迎来较大发展机遇。贝壳数据显示，2021—2035年新房与二手房预测情况见图2.54。

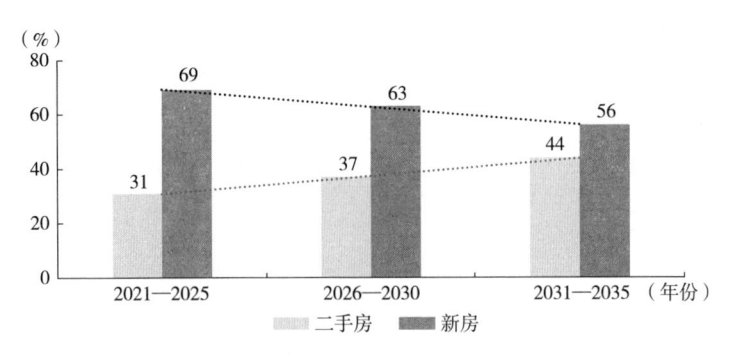

图 2.54　2021—2035 年新房与二手房预测

5. 住房市场将从"旧模式"向"新模式"转变

对于 2021—2035 年 133.62 亿平方米的住房需求，我们要站在动态平衡的角度来看待。如果未来继续保持"十三五"期间住房市场年均 14.7 亿平方米的住宅销售规模，2029 年前后我国城镇住房市场将会达到供需基本平衡。当然，平衡点是动态的，何时达到供需基本平衡，取决于未来的住房供应速度。

未来 5~10 年是探索房地产新模式的"窗口期"，我们要"以时间换空间"，在"窗口期"解决当前面临的风险，尽快探索确定房地产健康可持续发展的新模式，更加强调房地产的民生属性，致力于满足人民群众对美好生活的需求，从而推动房地产回归本源，实现房地产市场的平稳过渡和安全转型，避免在"平衡点"之后出现住房市场"供过于求"，避免市场价格因此快速下跌引起系统性风险。

第三章

住房制度：中国住房制度的演进、得失与改革

1978年改革开放以来，我国住房制度经历了从福利公房到市场化改革的巨变，在居住水平得到极大改善的同时，住房产业、住房市场、住房财富均实现快速增长。与此同时，随着"98房改"以来房价多轮快速上涨，房地产投资属性过强的问题也日渐突出。2016年以来，房地产市场渐趋理性。如何深化住房制度改革，构建房地产发展的新模式，也成为日益紧迫的重大课题。本章将在回顾我国住房制度改革历程的基础上，分析取得的成效和存在的问题，并对下一步深化住房制度改革提出建议。

第一节 中国住房的分类及制度界定

住房制度是与住房相关的一系列法规政策的总称，其内涵可以从供应制度、产权性质以及土地、财税、金融等要素属性进行多种分类。从我国住房制度改革实践出发，本文所指的住房制度首先是供应制度，即不同类型的住房面向何种人群供给的规定。其次是要素制度，即不同类型的住房供给的土地、财税、金融等要素供给的规定。按住房供应的产权属性及相应的要素分类，我国住房大体可分为三类，分别面向三种人群供给。

一是商品住房，产权私有、通过市场交易获得，面向大多数中高收入者。根据第七次全国人口普查数据分类（时间为2020年11月1日，下同），城市家庭（不含镇）这类住房包括新建商品住房、二手商品住房、原公有住房（房改房）。

二是保障性住房，面向中低收入人群供给，包括针对住房困难家庭的廉租房、公租房等；针对新市民、青年人的保障性租赁住房；针对中间群体的保障性产权住房，包含经济适用房、拆迁棚改安置房、两限房（限价和限户型）、共有产权房等。这类住房的共性特征是，无产权或产权不完整。

三是其他住房，如小产权房、军产房等。小产权房是特定历史条件下具有我国特色的一类特殊住房，主要是指在集体土地上建设的未缴纳土地出让金、未办理相关产权等证件的房屋。这类住房不具有完整产权，且更多源于自发形成的住房供给。

第二节　中国住房制度的演进

1978年改革开放以来，我国住房制度经历了从福利公房向市场化改革的巨大转变，这一转变主要体现在三个方面：一是产权私有化，即住房从公有转向私有；二是供给货币化，即住房供应从实物配给转向货币交易；三是建设社会化，即从单位建设到市场开发满足住房需求。

一、阶段一：1949—1978年，福利公房时代

1. 背景

计划经济体制下，我国采取重工业优先发展战略，"先生产，后生活"，住房建设被界定为"非生产性建设"，形成了公有住宅占主导的分配格局，一方面单位公房具有明显的福利属性，另一方面尽可能压低住房建设标准用于支持工业化。

2. 住房制度

统一管理、统一分配、以租养房。住房建设、分配由单位、

政府主导。需房单位的建房计划经批准后，由政府无偿、无期限划拨土地，政府或需房单位出资建设公房。价格制度上，租金不超过工资的 8%。由于没有形成住房市场，该阶段不涉及围绕住房买卖而产生的产权、交易、财税、金融等制度。

3. 成效和问题

在计划经济体制下，福利公房是我国住房供给的重要途径，在特定时期解决了城镇人口的大部分住房需求，同时节省了大量住房建设资金用于支持工业化，保障了"先生产、后生活"加快资本积累战略的实施。但也必然带来以下问题：一是房屋供给严重缺乏激励，居民居住水平低；二是住房建设以及维修、管理成为国家和单位的沉重包袱；三是无法形成住房市场及相应的产业体系，难以形成推动经济发展的增长极；四是公房建成后依据单位等级、职工职级等分配，存在分配不公的弊端，例如，1995 年北京工人家庭人均居住面积为 4.51 平方米，比干部家庭低 20.3%。

二、阶段二：1979—1994 年，提租改革时期

1. 背景：首提住房制度改革

1980 年，邓小平首提住房制度改革，指出住房改革要走商品

化的路子，中央对住房从"非生产性建设"转向"生产性建设"。住房制度改革转向租金制度改革的研究和设计，公房提租出售与住房商品化萌芽。

2. 住房制度：提租改革时期

这一阶段住房制度改革的基本思路是，通过逐步提高住房租金、低价出售途径，鼓励居民购房。价格制度上，探索"全价售公房"、"三三制"（政府、单位、个人各负担住房成本的1/3）补贴出售公房。由于试点效果不佳（租金低，买房不划算），转为提高租金，逐步探索"提补持平""多提少补"。

由于引进了住房商品化改革思路，这一阶段住房土地、产权、交易、金融、税收以及登记制度相继发育。在土地制度上，1988年第七届全国人民代表大会第一次会议通过《中华人民共和国宪法修正案》，宪法第十条第四款"任何组织或者个人不得侵占、买卖、出租或者以其他形式非法转让土地"，修改为"任何组织或者个人不得侵占、买卖或者以其他形式非法转让土地。土地的使用权可以依照法律的规定转让"。1988年12月29日修正《中华人民共和国土地管理法》，明确"国家依法实行国有土地有偿使用制度"。1979—1986年，深圳率先征收"土地使用费"[1]，

---

[1] 1980年深圳经济特区成立，但由于缺乏资金，经济特区的建设举步维艰。1982年1月《深圳经济特区土地管理暂行规定》出台，将土地分为工业、商业、商住等六类收取不同等级的土地使用费。1982—1987年深圳经济特区土地使用费占财政收入的1.5%。

"土地财政"萌芽。在产权制度上，公房购买者拥有产权可自行转让。在交易制度上，借鉴香港地区的经验，1983年深圳率先引入商品房预售制度，1994年《中华人民共和国城市房地产管理法》《城市商品房预售管理办法》正式确立商品房预售制度。在金融制度上，1991年国务院发布《关于继续积极稳妥地进行城镇住房制度改革的通知》，提出发展住房金融业务等措施，鼓励开展个人购房建房储蓄和贷款业务，实行抵押信贷购房制度。同年建设银行、工商银行先后成立了房地产信贷部，我国个人住房融资业务初步建立。在税收制度上，明确出租和出售、赠与、继承和以其他形式转让所购住房，应按国家规定缴纳税费。在登记制度上，职工购房由房产管理部门办理过户和产权转移登记手续，同时办理相应的土地使用权变更登记手续，并领取统一制作注明产权属性的产权证书。

3. 成效和问题

相对于低租金福利分配公房，提租改革和出售公房是住房市场化的重要一步，一定程度上倒逼了住房购买需求，形成了一批商品房私有产权市场。但囿于长期以来福利分房制度的惯性，以及计划经济下长期实行的低工资政策，租金提升速度缓慢，大幅提租对居民发放房补，国家财力也难以承担，居民购房积极性不高，通过提租并赋予居民产权激励推动住房出售的改革效果有限。同时，在当时的宏观背景下，1992年海南等部分区域房地产投资出现过热现象。1993年6月24日，中央发布《关于当前经济情况和加强宏观调控的意见》，要求各地整顿金融秩序、严控信贷规模、加强房地产市场的宏观管理，住房市场发展受挫。

三、阶段三：1995—1998年，出售公房改革时期

1. 背景：明确社会主义市场经济改革目标

1992年邓小平"南方谈话"和1993年11月党的十四届三中全会通过《关于建立社会主义市场经济体制若干问题的决定》，明确建立社会主义市场经济。与此相适应，财税、金融、外汇、外贸、房地产均在此期间推出重大改革举措。

2. 住房制度：出售公房改革时期

1994年，《国务院关于深化城镇住房制度改革的决定》标志着住房市场化改革正式启动。1998年，《国务院关于进一步深化城镇住房制度改革加快住房建设的通知》正式终结了单位福利分房制度，公有住房私有化、住房供应商品化改革全面铺开。在住房建设投资上，由国家、单位、个人三者合理负担，取代由国家、单位统包的旧体制；在住房供应体制上，建立社会化、专业化运行的体制，以取代各单位建设、分配、维修、管理住房的旧体制；在住

房分配上，确立以按劳分配为主的货币工资分配方式，取代住房实物福利分配方式。同时明确提出针对不同收入人群的分类住房供应制度，即建立以中低收入家庭为对象、具有社会保障性质的经济适用住房供应体系和以高收入家庭为对象的商品房供应体系。

在土地制度上，进一步明确所有权和使用权"两权分离"，为住房市场化改革打下制度基础。价格制度方面，结合我国具体国情，提出"三价"出售方案，即向高收入职工家庭出售公有住房实行市场价，向中低收入职工家庭出售公有住房实行成本价，在确有困难的市（县）实行标准价。金融制度方面，决定在全国建立住房公积金制度。商业银行住房贷款业务全面推开。登记制度和税收制度未发生明显变化。

除住房制度改革外，1994年推出的财税、金融、投资体制等改革，亦对后续我国住房制度和住房市场的发展产生了深远影响。财税改革方面，在原财政"分灶吃饭"的基础上，推出中央、地方分税制改革，地方发展经济的财政激励制度由此形成。金融改革方面，分离中国人民银行和商业银行，设立政策性银行分离商业银行（时称国家专业银行）的政策性业务，为后续商业银行拓展住房金融业务提供了可能。投资体制改革方面，普遍建立项目法人制，为后续房地产开发主体转向社会化提供了条件。

3. 成效和问题

1994年的住房制度改革，与当时的财税、金融、投资体制等一系列制度改革一样，是社会主义市场经济体制改革的正式确立，具有标志性意义，为1998年全面推行住房市场化改革奠定了制度基础。但由于当时住房市场化刚刚起步，产权制度、交易制度，以及对其具有重要影响的财税、金融等制度都不成熟，存量公房市场以及新建商品房市场都处于发育初期，统一的住房市场尚难形成。一是产权市场化不完整。《国务院关于深化城镇住房制度改革的决定》在出售公房和公积金制度上虽然有所突破，住房由国家、单位统包改为国家、单位、个人三者合理负担，但产权归属没有完全市场化，职工以标准价购买住房，拥有部分产权，即占有权、使用权、有限的收益权和处分权，可以继承，上市交易限制颇多。二是在土地制度上，虽然鼓励发展房地产交易市场，但更强调存量市场而非新建商品房增量市场，对土地出让等未做明确规定。三是在金融制度上，只提出全面推行住房公积金制度这一政策性金融制度，但商业性住房金融制度还未形成。四是在税收制度上，《国务院关于深化城镇住房制度改革的决定》只粗略提及"要加强市场管理，规范交易程序，完善税收制度，坚决查处倒卖房产牟取暴利等违法行为"，但对税种、征收细节未做明确规定。五是在住房保障制度上，虽然要求加快经济适用住房的开发建设，但对保障类型、房源类型未做明确规定。在住房租赁制度层面，文件鼓励积极推进租金改革，主要是为提租出售公房，而非建立租购并举的发展模式。

四、阶段四：1999—2016年，从"98房改"到"促进房地产市场平稳健康发展"

1. 背景：亚洲金融危机爆发，房地产成为新经济增长点

1997年下半年亚洲金融危机爆发，中国经济也受到严重冲击。党中央、国务院审时度势，提出了实施积极的宏观经济政策以扩大内需的应对之策。这一背景下房地产作为扩大内需的重要抓手，商品化、市场化改革全面提速，房地产业自此逐步成为国民经济支柱产业。

2. 住房制度：全面商品化、市场化

1998年7月，《国务院关于进一步深化城镇住房制度改革加快住房建设的通知》提出"最低收入家庭租赁由政府或单位提供的廉租住房；中低收入家庭购买经济适用住房；其他收入高的家庭购买、租赁市场价商品住房"，形成住房商品化、适度住房社会保障与加强调控管理相结合的供应制度。1998年下半年开始，停止住房实物分配（只售不租），逐步实行住房供应货币化。2003年，《国务院关于促进房地产市场持续健康发展的通知》进一步确立了普通商品房作为主要渠道的供给模式，提出"调整住房供应结构，逐步实现多数家庭购买或承租普通商品住房"，住房商品化市场全面启动。

土地制度方面，2001年4月，《国务院关于加强国有土地资产管理的通知》要求严格实行国有土地有偿使用制度，大力推行国有土地使用权招标、拍卖。2002年5月，国土资源部第11号令（《招标拍卖挂牌出让国有土地使用权规定》）要求，自2002年7月1日起，"商业、旅游、娱乐和商品住宅等各类经营性用地，必须以招标、拍卖或者挂牌方式出让"。2004年3月，国土资源部、监察部第71号令（《关于继续开展经营性土地使用权招标拍卖挂牌出让情况执法监察工作的通知》）要求，从2004年8月31日起，所有经营性的土地一律都要以招拍挂方式出让（业界称为"831大限"），标志着经营性土地招拍挂出让全面强制执行。2007年，建设部等七部门联合印发修订后的《经济适用住房管理办法》。2008年《国务院办公厅关于促进房地产市场健康发展的若干意见》（国办发〔2008〕131号）和2010年《国务院办公厅关于促进房地产市场平稳健康发展的通知》（国办发〔2010〕4号），要求加大保障性住房建设力度，进一步完善住房保障土地供应制度。2013年，《国务院办公厅关于继续做好房地产市场调控工作的通知》要求"增加普通商品住房及用地供应"。2015年，房地产"去库存"后，国务院出台多项措施优化土地供应，稳定房地产市场。在交易制度上，提出出售现有公有住房，原则上实行成本价，并与经济适用住房房价相衔接。随后逐步推动商品房价格全面市场化。在金融制度上，完善住房贷款政策，降低首付比例、延长贷款期限。后期为抑制房地产过热，2010年"国十一条"、2011年"新国八条"、2013年"新国五条"等调控政策相继出台，部分地区开始实行差别化信贷政策，实施限购、限贷。在税收制度上，逐步完善各类税收政策，确立保有环节涉及房产税和城镇土地使用税 2 项，交易环节涉及增值税、增值税附加（含城市维护建设税和教育费附加）、契税、个人所得税、印花税、土地增值税等 7 个税种。同时，进一步完善与住房融资相配套的登记制度。

3. 成效和问题

"98 房改"确立的市场化商品化住房制度，为我国房地产市场快速发展奠定了基础，有力缓解了长期存在的住房短缺问题，房地产业也日益成为国民经济的重要支柱。同时也要看到，住房供应制度在实践中过于注重市场，对于低收入人群的住房保障力度不够。尤其是 2003 年《国务院关于促进房地产市场持续健康发展的通知》提出"多数家庭购买或承租普通商品住房"后，中低收入群体住房保障责任被推向市场，之后在土地、财税、金融等一系列因素的综合作用下，住房投资属性过强、房价长期持续上涨逐步成为系统性问题。

五、阶段五：2016 年提出"房住不炒"以来

1. 背景：提出"房住不炒"

2016 年中央经济工作会议提出"房住不炒"以来，住房制度

改革不断深化。住房供应方面，2017年党的十九大报告提出，"加快建立多主体供应、多渠道保障、租购并举的住房制度，让全体人民住有所居"，标志着住房制度改革进入新时代。与之相对应，住房保障、土地、交易、金融、税收等制度也发生了一系列变化。

2. 住房制度改革

住房保障制度方面，2020年12月21日，全国住房城乡建设工作会议明确提出，要"解决好大城市住房突出问题""加快构建以保障性租赁住房和共有产权住房为主体的住房保障体系"，正式确立大城市住房保障体系进入租购并举新阶段。同时，各地政府陆续推进租赁住房、政策性住房建设，力图建立多主体供给、多渠道保障、租购并举的住房制度。例如，北京明确，2018—2021年将供应约800公顷集体土地用于建设集体租赁住房；深圳市2018年印发的《深圳市人民政府关于深化住房制度改革加快建立多主体供给多渠道保障租购并举的住房供应与保障体系的意见》明确指出，到2035年新增建设筹集各类住房共170万套，其中人才住房、安居型商品房、公共租赁住房各占新增住房供应总量的20%；成都、武汉、郑州、厦门、青岛等城市陆续出台措施保障承租人合法权益等。

土地制度方面，2021年2月，自然资源部发布22个重点城市实施住宅用地供应"两集中"政策，集中发布出让公告，原则上每年不超过3次；集中组织出让活动，同批次公告出让的土地以挂牌文件交易的，应当确定共同的挂牌起止日期；以拍卖方式交易的，应该连续集中完成拍卖活动。实施"两集中"供地，意图在坚持"房住不炒"总基调下，从土地端发力，促进各地土地交易市场平稳。

交易制度方面，2022年4月29日召开的中共中央政治局会议提出，在坚持"房住不炒"的前提下，支持各地从当地实际出发完善房地产政策，支持刚性和改善性住房需求，促进房地产市场平稳健康发展。各地根据当地市场情况，调整"限购""限价""限签""限贷"等政策，保持房地产销售市场的稳定。

金融制度方面，在"银行贷款为主，住房公积金为辅"的住房金融制度框架下，各地对首付比例、首套房的认定标准都有差别化政策认定。贷款利率方面，2019年，中国人民银行宣布改革完善LPR（贷款市场报价利率）形成机制，新的LPR按照以中期借贷便利利率为主的公开市场操作利率加点形成，加点幅度主要取决于各行自身资金成本、市场供求、风险溢价等因素。经过3年多的持续推进，LPR成为贷款利率的决定性因素。作为房地产融资宏观审慎管理制度的一部分，2020年以来，中国人民银行、银保监会（现国家金融监督管理总局）以内部文件的形式，对开发商制定了全口径融资的杠杆比例限制政策（"三道红线"[①]），对

[①] 2020年8月，中国人民银行、银保监会等针对房地产企业提出的融资限制指标，即剔除预收款项后资产负债率不超过70%，净负债率不超过100%，现金短债比大于1。根据触线情况，房企被分为"红、橙、黄、绿"4档，并对有息债务增长做出不同程度的限制。

贷款银行制定了房贷集中度管理制度（"两个集中度"①）。"三道红线"和"两个集中度"规定的出台，是首次对房地产行业（资金需求方）和金融机构（资金供给方）融资的比例限制，标志着房地产金融制度建设进入新阶段。

税收制度方面，2021年10月23日，第十三届全国人民代表大会常务委员会第三十一次会议通过《关于授权国务院在部分地区开展房地产税改革试点工作的决定》，授权国务院制定房地产税试点具体办法，试点地区人民政府制定具体实施细则，房产税改革试点获得授权。2022年稳增长背景下房地产税缓行。

---

① 2020年12月31日，中国人民银行、银保监会发布《关于建立银行业金融机构房地产贷款集中度管理制度的通知》，建立银行业金融机构房地产贷款集中度管理制度。根据不同类型的银行分档分类，各地因地制宜对房地产贷款余额占比和个人住房贷款余额占比设置上限要求。

第三节　中国住房制度改革的
　　　　成效与问题

20余年的改革实践证明，1998年确立的分类供应、市场和保障双轨并行的改革制度符合我国国情，为改善居住水平、促进房地产市场壮大以及推动城镇化发挥了基础性作用。但在内外环境复杂变化的影响下，房价长期较快上涨，保障性住房供给不足，房地产财政化、金融化等问题也逐步显现，要想从根本上解决这些问题，同样需要健全住房制度。

一、取得的成效

住房制度改革的成效，可从结果和制度本身两个维度考察。从结果维度看，我国城镇居民的居住水平显著改善、住房财富显著增长，房地产成为国民经济支柱产业。从居住水平看，第七次全国人口普查数据表明，2020年我国城市家庭总数1.9亿户，人均住房建筑面积36.5平方米，较原国家建委1977年底的统计——全国190个城市人均3.6平方米——有极大改善。从住房的财富价值看，中国人民银行的调查统计报告表明，城市74.4%的家庭拥有住房，房产净值占居民家庭财富的70%左右。从国民经济贡献看，据测算，2020年房地产及其产业链占我国GDP的17.2%（完全贡献），其中房地产业增加值占GDP的7.3%（直接贡献）。房地产完全拉动的投资占全社会固定资产投资的51.5%，其中，房地产开发投资占固定资产投资的27.3%。房地产整个产业链带动的就业超过5 000万，涉及50多个行业。从财政收入渠道看，2020年土地出让收入和房地产专项税合计占地方财政收入的37.6%，中西部地区占比更高。

以上成效的取得，得益于住房资源配置市场化水平显著提升，因此形成了全球规模最大、发展最快的房地产业和房地产市场。从制度层面探究其成因，关键是住房商品化带来的需求端产权激励和供给端产业化成长。正因为住房产权私有化，居民在住有所居的同时实现了财产保值增值，才形成了对住房需求的巨大激励，并牵引住房供给端土地、资金等要素的商品化，以及住房供给的产业化，推动形成高效住房市场。同时住房市场的形成和发展，又会促进住房交易，为住房投资收益变现创造条件，使住房投资属性得以不断释放。

二、存在的问题

住房制度存在的问题，同样可以从结果和制度本身两个层面考察。从结果层面看，一是我国居民居住条件在总体大幅提升的同时，不平衡问题较为突出。第七次全国人口普查数据表明，我国城市家庭总数1.9亿户，一方面，人均住房建筑面积36.5平方米，与全球对比处于中上水平；另一方面，人均居住面积低于30平方米的家庭占比为39.5%，低于20平方米的占比为17.4%，只有一间房的家庭占比为17.9%。这表明仍有约四成的城市家庭人均住房面积没有达到小康水平，东部发达地区这一占比更高。同时多个调查表明，住房空置率（包括北京等一线城市）高于国际上可比水平。二是与我国发展阶段、居民收入水平相比，房价总体偏高。2001年，全国商品住宅平均售价2 017元/平方米，2021年升至10 396元/平方米，涨幅达4倍以上，房价涨幅长期超过经济和居民收入增长幅度。从住房市值与GDP比例看，2020年中国为414%，分别高于美国、日本、德国、英国、法国的148%、233%、271%、339%、354%。三是土地成本占比高。2001年每公顷住房土地出让收入143万元，2021年为2 393万元。20年间上涨15.7倍，远超同期房价4倍涨幅。全国平均地价占房价的一半，一线城市甚至超过七成。地价占比不断上升不仅会推升房价，也会降低房地产投资的实物工作量比重，长此以往会弱化房地产业对国民经济的拉动效应。四是住房产业负债率高。我国房企平均负债率为70%~80%，高于全球可比水平的50%~60%。如果加上预售资金、供应商欠款等隐性负债，实际负债率更高。在房价持续上涨的背景下，高负债对应高收益；但在房价止涨甚至下跌时，高负债则对应高风险，加剧房地产价格波动。

我国住房市场呈现的高地价、高房价、高杠杆，以及住房水平不均衡较为突出等问题，归结为一点，就是住房投资属性过强。其原因较为复杂。从制度层面看，存在以下问题。一是土地供应垄断，并与财税体制激励相容，导致地方政府具有强烈的以地谋财动机。这一方面形成了对地价、房价的隐性担保，导致商品房地价、房价单边上涨；另一方面对保障性住房供地缺乏动力，导致保障性住房供应长期不足，这反过来又加剧了对商品房的需求。二是保障性住房制度不健全，保障性住房供给不足。除保障性住房供地缺乏健全的系统性制度安排外，保障房分配以及与商品房的关系也缺乏相应的财税、金融等配套制度保障。三是租赁制度不健全，缺乏鼓励租赁供给和需求的相关规定，租户权利难以得到保障，租赁市场大多数为自发性散户交易。四是交易制度不健全，缺乏对预售交易等相应的制度规范。五是金融制度不健全。一方面对长期住房储蓄缺乏有效激励措施，另一方面对住房开发、投资的杠杆约束措施不健全，同时对保障性住房供给缺乏相应的金融支持政策。

1. 土地和财税制度不健全

我国住房市场由政府独家卖地供给，且卖地收入由政府使用。这一制度安排，内生决定了土地供给无法成为调节房价的自动稳定器，地价、房价存在虚高的可能性。事实上，土地财政已成为地方最重要的收入来源，这一政府垄断供地获取收入的土地财政模式，决定了高地价与高房价内在循环，具有高度的激励相容性。

一方面，土地财政模式具有合理性。"城市政府改善基础设施和公共服务—土地价值上升—卖地获得土地溢价—进一步改善基础设施和公共服务"，这一循环符合税源和税收一致性、税收与使用激励相容的原则。对城市政府（土地供给方）而言，土地财政模式是基础设施投资、公共服务支出以及就业机会创造的外部性收益，通过土地溢价方式获取的制度安排，其本质是外部性收益的内部化；对购房者（土地使用方）而言，是使用基础设施和获取公共服务应支付的成本，其本质是外部性成本的内部化。事实上，不同城市、同一城市不同地区房价的差异，很大程度上取决于地价的差异，背后反映的就是基础设施、就业机会以及公共服务可得性及质量的差异，由此支付的居住成本差异具有内在合理性。

另一方面，土地财政模式的不合理性，在于一次性获取土地未来增值收益。土地财政模式的合理性，源于基础设施、公共服务以及就业机会改善带来的人口集聚。现行卖地一次性获取今后70年土地出让金收益的模式，不仅会在短期内人为推高地价、房价，导致住房供应端调控失灵；更重要的是，后续土地增值的不确定性，城市基础设施和公共服务改善程度，人口、产业集聚程度等内在约束得以消除，土地溢价和城镇化质量还会存在脱节风险。事实上，大量闲置的开发区、门可罗雀的新区、"鬼城"屡见不鲜，与一次性获取卖地收入并抵押举债、盲目投资、大拆大建不无关系。相反，如果将土地溢价获取方式由一次性土地出让改为房产税、年租制等分期获取方式，则可自动建立起土地溢价与城镇化质量动态挂钩机制，即每年政府能够获得多少土地溢价，取决于当时的房价，房价高低取决于当时的人口集聚状况。

2.住房保障制度不健全

我国的住房保障体系包括公租房、经济适用房、棚户区改造安置房、共有产权房等多种类型。总体而言，保障房设计存在供给不连续、进入门槛高、退出门槛低、社会资本参与动力不足等问题，尚未应保尽保。

一是保障房供给不连续。保障房供给呈"N"形走势，保障房制度承担了一定的调控职能。1995年国务院出台《国家安居工程实施方案》，保障房供给起步；1998年《国务院关于进一步深化城镇住房制度改革加快住房建设的通知》提出，"建立和完善以经济适用住房为主的多层次城镇住房供应体系"，经济适用房被置于中心位置；2003年《国务院关于促进房地产市场持续健康发展的通知》提出，"多数家庭购买或承租普通商品住房"，保障房供给缺位，进入停滞期；2007年，为应对房价过快上涨，出台《国务院关于解决城市低收入家庭住房困难的若干意见》，标志保障房建设重启；2008年为应对国际金融危机，国务院把"建设保障性安居工程"列为"四万亿政策"的首项，大规模保障房建设开启；2016年以来，保障性租赁住房建设提速。总体上看，保障房制度承担了部分调控职能，稳定成熟的住房保障体系有待完善。

二是保障房进入门槛高。准入方面，部分保障房将非户籍家庭、收入水平不在规定范围内的家庭排除在外。多数保障房如经济适用房，申请条件要求具有当地城镇户口，家庭收入符合市、县人民政府划定的低收入家庭收入标准，通过户籍和收入限制将非户籍家庭以及收入水平不在规定范围内的家庭排除在外，进入门槛较高。

退出方面，保障房运作体系不封闭，大部分保障房退出时可按市场价转售，退出收益较高，存在制度套利空间。经济适用房房主5年后拥有全部产权，可以按市场价格出售，按届时同地段普通商品住房与经济适用住房差价的一定比例缴纳土地收益等价款，退出门槛相对较低，购房者可获得较大退出收益。近年来，北京等地推行的"共有产权房"在进入端放开户籍限制、退出端规定转让对象应为代持机构，或其他符合共有产权住房购买条件的家庭，是优化这一缺陷的有益尝试。

三是保障房建设主体以国企为主，社会资本参与动力不足。主要有四个方面的顾虑。一是收益率低，依赖政策优惠。长租房税费高、前期投入大、回收周期长等，经济效益低，市场主体缺乏参与动力。而且保障房属安居工程，限租金，企业难以持续。二是地方财政压力大，保障房推进可能不及预期。保障房的用地成本比住宅低30%~40%，对地方财政形成压力，叠加地方还需为保障房提供补贴，将显著影响保障房的推进进度。三是金融属性弱导致融资受限，自持租赁模式承压。保障房属民生，金融属性较弱，现房交楼后才能出租，没有销售回款，对融资信用支撑远低于商品房。仅自持的话，前期资金压力大。四是供需匹配问题。例如，产业园配套的周边往往需要3~5年才能形成一定规模的住房需求量，长时间错配将加剧企业资金压力。

四是保障房建设和监督管理体系有待进一步加强。保障房管理制度滞后，缺乏有效监督。一是工程质量难以保证。保障房利润较低，回收成本时间漫长，开发商会通过降低质量来控制成本。加之地方政府在设计、施工、验收等环节监管不严，保障房质量问题日益凸显。二是闲置率较高。由于位置偏僻、配套基础设施不完善等，保障房部分闲置，对困难家庭住房保障不到位，住房获得感不强，造成资源浪费，同时政府还要支付超期过渡费。三是后续管理缺位。保障房分配时存在权力寻租乱象，部分不符合保障房享受条件或因经济条件改变已不符合条件的家庭继续享受住房保障待遇。

3. 住房租赁制度不健全

我国住房市场的一大特征是，租房率明显低于购房率，租住人口占比明显低于自住人口占比，第七次全国人口普查数据显示，2020年城市家庭租房率（包括租赁廉租房和公租房的家庭）为25.5%，明显低于发达国家30%以上的水平，更低于发展中国家水平。租房市场发育不成熟，租赁稳定性和体验感差、市场乱象多，租户权益保障严重不足。

从制度层面看，一是租赁用地缺乏保障，没有将租赁用地作为住房用地的重要组成部分，租赁用地大多是难以招拍挂、位置偏远、交通不便的剩地，且往往和商品房用地搭售，纯租赁用地供给有限。二是在权益保障上，缺乏对承租人居住稳定性、设施安全性、租金适当性的必要保护，各地住房租赁条例等相关法规建设有待加强。三是在公共服务上，尚未完全实现租购同权，各地进展不一，缺乏全国统一规定。四是交易、登记、税收制度不健全。租赁市场散租占80%以上，登记制度执行严重不到位，透明度低。税收支持力度低，没有形成鼓励长租并与租金涨幅联动的差异化税收制度。

4.预售制等交易制度不健全

我国内地从20世纪90年代借鉴并"扩展"了香港地区的"预售楼花"模式，预售制对缓解房企资金压力、促进住房供给、推动城镇化建设发挥了积极作用，目前高达80%~90%的住房采用期房销售方式，预售资金成为房地产开发的第一大资金来源，2021年占比达到53%，成为房企"高杠杆、高周转、低成本"快速扩张的重要途径。同时由于认识不足、制度不完善、执行不到位等，预售制已成为世界上融资功能最强、资金使用最自由的房企"资金池"，由此也引发了金融风险以及社会民生等一系列问题。近年来，住房预售制缺陷不断暴露，预售资金违规挪用，资金链断裂后工程延期、停工甚至烂尾，房企卷款"跑路"，以及业主停贷等乱象频发，各方对此高度关注。

国际上住房销售模式可分为三类。一是美国、英国等采用的"现房销售"模式，所收取的5%左右的预付定金基本不具有融资功能。二是德国、法国、新加坡等按进度付款的"期房销售"模式，实为分段实施的"现房交易"，预售资金的融资功能较弱，也未成为房企的主要融资来源。三是中国香港采用的国际上较为独特的"预售楼花"模式，预售资金融资功能有所增强，但中国香港从20世纪60年代加大监管力度，售房政策逐步与其他国家和地区趋同。同时对于预售资金的存放使用也有严格监管。一是需要有专门账户并由第三方机构严格监管。即使预售资金可在交房前拨付使用，也需经律师事务所、公证机构、建筑认证机构等一家或多家第三方监管机构严格审核。二是资金使用多采用受托支付方式划拨至收款方，房企不能自主调配使用，用途严格限于对应的项目建设，既不能用于其他房产项目，更不能用于多元化投资。三是预售资金在交房前不计入房企资产负债表，房企无法借此"做大"自身规模，也不能形成可自主使用的"资金池"。四是银行普遍在交房后才发放按揭贷款，或根据约定工程进度和比例，经公证机构或建筑认证机构审核后分阶段发放，既确保银行锁定有效的按揭抵押品，也避免购房者过早承担融资成本和还款责任。即使在中国香港"预售楼花"的模式下，购房者在交房前的预付房款通常也不超过30%，预售资金在专户托管、第三方严格监管、资金用途、受托支付、会计处理以及按揭贷款发放等方面与各国做法基本一致，房企无法自主使用预售资金，融资功能受到严格限制。

与其他国家和地区相比,我国内地住房预售制的问题主要体现在以下几点。一是付款方式方面,购房人多数情况下需使用自有或借贷资金一次性全额支付购房款项,房企由此收取大量预售资金。二是在预售资金存放方面,现行规定虽然要求存入房企的预售资金监管专户,但实践中普遍存在直接打入房企其他账户、资金被挪用的情形。三是在预售资金使用方面,由于政策规定未执行到位,房企实际上可自由使用绝大部分(约九成)预售资金,并在全国范围统一调配,用于支付其他房产项目,甚至用于多元化投资扩张。四是在融资功能方面,房企在交房前将预售资金计入负债,交房后转结为营业收入,普遍依靠预售资金做大自身规模。五是在按揭贷款方面,银行在房屋建设过程中即发放全部贷款,贷款期限被动拉长,购房者利息支出大幅上升,实质是将房企自身的融资成本转嫁给购房者。

综合比较看,我国内地住房预售资金的融资功能已远超香港地区等。由于房地产行业动用资金量大、建设周期长,预售资金已成为房企获取"无偿融资",维持高杠杆、高周转模式,从而越来越"金融化",得以快速甚至无序扩张的动力源泉,亟待加以规范和改革。

5. 住房金融制度不健全

房地产具有居住和投资双重属性。就其居住属性而言,支持居民住房消费需要健全政策性金融,并同时发挥商业性金融的积极作用。就其投资属性而言，房地产具有很强的保值增值（投资）功能，是货币的重要蓄水池，事实上发挥着巨大的货币吞吐和信用转化功能。

首先，与我国保障性居住供给制度不足相对应的是，支持居住需求的政策性金融不足。一是公积金制度不健全。资金池在设区城市封闭运行，相互不融通，整体规模较小。2017年末，全国公积金缴存余额5.2万亿元，占GDP的6.3%。新加坡2017年公积金余额占GDP的80.4%。职工可获得的贷款额度较低。以深圳为例，按均价计算，购买90平方米住房、首付30%需贷款340万元，而家庭首套房公积金最高贷款额度仅90万元，只能覆盖贷款需求的26%。其他热点城市，如南京、杭州、北京、上海公积金贷款额度对贷款需求的覆盖程度也不超过50%。二是财税支持不足。公积金部门放贷、银行发放首套房贷款以及租赁贷款等支持居民居住需求的贷款，尚未比照小微普惠金融获得财政贴息及税费奖补。三是住房储蓄政策性支持不足。新加坡的住房公积金、德国的住房储蓄制度，在税收、利率等方面均获得了有力支持。我国尚未健全类似养老储蓄的住房储蓄制度，住房储蓄尚未作为一类特殊储蓄获得明确的政策支持。

其次，对投资性住房需求融资的约束性制度不健全。一方面，我国对居住性住房融资需求的支持不足；另一方面，对投资性住房需求融资的约束不够，房贷占银行贷款比重一度明显偏高。2020年以来，针对房企融资杠杆约束的"三道红线"以及针对放贷银行房贷集中度的宏观审慎制度基本建立，但未来仍需在区别居住性和投资性融资需求基础上进一步健全房地产融资的审慎管理制度。

再次，对金融体系外融资监管制度缺失。预售、应付款、票据、财富管理等金融体系外融资，事实上已成为房企重要的资金来源。近期大型房企风险暴露的一个重要领域，正是各类金融机构外融资。近年来，大型房企泛金融化问题日益突出，无论从资金池归集规模还是从途径结构等维度观察，房地产金融风险范围远超正规金融机构贷款，亟待从制度上加以规范。

最后，房地产金融制度不健全，也是导致融资环境或紧或松、市场预期频繁变化的重要因素。国际比较看，一方面，我国首付比例、贷款利率等关键融资条件的变动，主要由政策而非市场决定；另一方面，变动也更为频繁。2003年发布的《中国人民银行关于进一步加强房地产信贷业务管理的通知》，是第一个房地产信贷政策调整文件，此后信贷政策即成为房地产调控的重要工具，首付比例在20%~60%，利率在基准利率7折~1.3倍频繁变动。从积极意义上看，房贷政策调整有助于调节市场供求，平抑房价波动，但也不利于市场形成稳定预期，融资放松时担心收紧过度加杠杆，融资收紧时寄望放松等待观望。尤其是，由于土地供给端垄断对地价、房价的隐性支撑，以及房地产对经济、金融系统重要性的上升，过去20年来房价只涨不跌、越调越涨的预期已深入人心，融资放松时加杠杆，融资收紧时也加杠杆，开发商、购房者杠杆率持续快速上升，导致债务风险单向累积并难以随经济和房地产周期波动出清。

第四节　境外住房制度的经验与教训

一、住房保障制度不可或缺

住房保障制度是指，政府对居民居住权通过土地、金融、税收等提供支持的措施总称。经验教训均表明，适当的住房保障制度，既是住有所居的重要来源，也是抑制住房投机的重要保障。

1. 经验

德国：以租赁为主的住房保障制度。德国成功地实施了租购并举、租购同权，充分保障租户权益。一是租约保障。租赁合同默认为无固定期限合同，房东要解约必须符合法定的特殊情形，仅限于租户违约、自住需求、重大经济性改造开发等。租户在房东转让住房时享有优先购买权。二是租金限制，包括限制提租、限制涨幅、限制过高租金。三是租购同权。居民只要在居住地的市民管理处登记注册并依法纳税，就可以享有当地医疗、养老、教育等公共资源与服务，不存在住房产权的门槛限制。四是租金补贴。政府根据收入和家庭规模，向租户提供住房补贴，户均补贴额逐年提升，保障受补贴家庭的实际补贴水平与生活水平不受物价和租金上涨的损害。

日本：住房租赁市场的规范发展，主要得益于三大因素。一是租约保护。日本家庭租房率在38%左右，主要集中在城市。2017年三大都市圈住房租赁市场中97.5%为普通租约，到期后自动接续，房东在无"正当理由"的情况下不允许终止。二是租购同权。依法纳税的租客也能享受当地教育、医疗等社会公共资源服务，不受限于住房产权。三是机构主导。在日本民营租赁住房管理上，2010年，25.5%由业主部分委托机构管理，65.5%完全委托机构运营，而自行管理仅占9%，机构深度参与运营民营住房租赁市场。

新加坡：以自有住房为主的住房保障制度。新加坡由组屋主导的住房供应体系，是"居者有其屋"的成功践行者。约82%的新加坡人居住在政府提供的组屋中，仅18%住在开发商建设的私宅中。组屋可分为两种：一种是面向中低收入家庭的普通组屋，另一种是面向收入超过组屋申请上限但又无力购买私宅的"夹心层"的改善型组屋。私人住宅主要面向高收入公民及无法购买组屋的外国人，按照是否拥有土地所有权，可分为有地私宅和非有地私宅。

2. 教训

英国：20世纪80年代以来住房过度私有化。财政压力迫使英国政府推行社会住房私有化。1980年撒切尔政府推出"购买权计划"，允许社会住房的长期租户折价购买所租住房。1980—2004年，英格兰共出售社会住房182万套，占当前住房存量的

7.8%，推动住房自有率从55%提升到69%。这一举措减轻了政府的财政负担，但分配不均使中低收入者背上了负担，且社会住房存量减少，导致住房困难重新产生。社会住房建设不足、租金上涨、社会住房福利削减加剧房价上涨。

中国香港：住房过度市场化，面向大量中低收入者的住房保障制度不健全、力度弱。香港地区市民居住条件不好，人均住房仅约16平方米；房价持续多年上涨，市民买房背负巨大压力。究其原因，首先，香港房地产业在经济中占比较高，住房从消费品变成了投资品，住房过度市场化，房地产相关行业（包括地产、楼宇业与建筑业）占GDP比重一度超过30%，2006年以来保持在20%~25%。其次，中产置业缺乏支持，面向大量中低收入者的住房保障制度不健全、力度弱，住房阶层逐渐固化。理想情况下，香港地区可形成"公屋—居屋—私人住宅"的阶梯式供应体系。但由于居屋供给大幅减少，叠加房价持续上涨，中低收入群体购房困难，住房条件难以改善；同时房价攀升财富效应也会加剧贫富差距。

二、土地制度的弹性是基础

土地制度弹性是指，随住房需求变化而有效调节的土地供应制度。经验和教训均表明，土地供应随房价涨跌增减，是住房市场健康发展的基础。

1. 经验

美国：土地供应灵活充足。美国居住用地充足，以私有为主，可自由交易，人均居住用地面积高达 1 728 平方米，私人所有的土地占 60%，获得土地的个人和开发商在符合相关规划要求的情况下，可以向政府申请建房，建好之后自住、出租或出售。所有土地都实行有偿使用，土地可以买卖或出租，价格由市场供求关系决定，地广人稀、弹性的土地制度以及自由的土地市场使美国土地供应灵活充足，能够随住房需求增长而有效调节。

新加坡：政府对土地的有效控制。新加坡国有主导，政府强制征收、低价转让，保障了组屋建设用地充足。1966年颁布的《土地征收法》规定，政府出于公共利益需要可强制征地，并将赔偿款限定在较低水平，保障政府低价获取大量土地，政府以低价转让土地给建屋发展局，保障组屋建设量足价廉：一是保证组屋建设用地充足，由新加坡土地管理局征收并向建屋发展局供应大量公共建设用地；二是建屋发展局以远低于市场价的价格获取土地，组屋售价远低于私宅售价。

2. 教训

英国：土地供应缺乏弹性。土地私有、供给长期不足，贵族占有大量土地。英国80%的土地由私人部门自由保有，但1/3的土地掌握在极少数贵族手中，土地集中度在欧洲发达国家中明显较高。尽管土地多为私人实质所有，但土地发展权仍归政府所有，房地产开发须向地方政府申请规划许可。而英国政府的土地规划理念重保护轻开发，土地利用重视环保，客观上导致住宅用地供给不足。截至2005年，英格兰87.5%的土地为绿地，已开发用地占比为9.8%，住宅用地仅占1.1%。土地制度缺乏弹性，40%的地区缺乏满足人口持续增长的住房规划。

中国香港：土地供给长期不足。土地所有权归国家所有，使用权延续土地批租制度，即政府把土地使用权以一定期限和条件批租给承租者或地产发展商，一次性收取土地出让金，同时允许该土地使用权在期限内自由转让、抵押、继承和赠送，土地使用者可以根据租约所定条款建造建筑物，连同租约在市场出售。因高度重视生态环保，以及部分利益集团阻挠，土地供给长期不足，土地短缺问题严峻。具体来说，供给不足主要有三大原因：重视生态保护，占地37%的郊野公园无法开发；因环保人士抗议，2005年以来填海造地大幅减少；2003—2010年为维护楼市稳定，政府大幅减少土地出让。

三、必须健全房地产金融审慎管理制度

经验教训均表明，房地产与金融密不可分。政府和金融管理当局通过货币政策、监管等手段，控制房地产金融杠杆风险，是促进房地产市场健康发展的重要制度保障。

1. 经验

住房储蓄制度：德国存贷挂钩的住房储蓄制度和新加坡高存低贷的公积金制度。德国施行"先存后贷，公平配贷"的住房储蓄制度，保守稳健，引导居民合理加杠杆。首先，居民与住房储蓄机构签订住房储蓄合同，约定合同额、存款期限和贷款期限，合同额约为计划贷款额的 2 倍，存款期限为 8 年左右，贷款期限为 10~11 年。依据合同约定，申请者先按月存款（约为合同额的 0.48%），存款期限截止时，加上利息后的存款总额达到合同额的 50%，满足配贷条件，进入配贷轮候序列。住房储蓄机构依据存款期限、还款贡献、利率等指标，对达到配贷条件的申请者进行配贷评价，评价值高的优先配贷。贷款发放后，申请者按月还款，月还款额为合同额的 0.5%~0.6%。

1968 年后，新加坡中央公积金制度开始应用于住房，具有立法强制缴纳、缴存比极高、覆盖人群广、保障项目全等特点，公积金管理强调存贷分离、高存低贷。以中央公积金为核心的住房金融体系在资金来源上保障了政府组屋的建设以及居民的购买力，使新加坡成功实现"居者有其屋"计划。从供给端来看，中央公积金为建屋发展局提供间接资金支持。从需求端来看，一是提供间接住房贷款，中央公积金不直接发放住房贷款，而是通过建屋发展局向新加坡公民家庭提供优惠贷款，并严格限制申请者资质、收入及私产等条件；二是直接用于购房，中央公积金提供公共住宅计划和私人住宅计划，分别支持会员购买组屋和私宅；

三是提供阶梯式住房补助，中央公积金为首次购房者推出额外和特殊住房补助，通过设置不同的收入上限为低收入者提供了更多优惠，并针对靠近父母就近住房、单身人士等提出不同的住房补贴政策。

政策性金融封闭管理：德国住房储蓄、新加坡中央公积金制度闭环运行。德国的住房储蓄机构实行专业经营，资金封闭循环，除住房储蓄外不能从事其他风险性金融业务，可以购买国债等低风险证券，但信贷资金只能用于为参加住房储蓄的居民提供购房、建房、改建等贷款，2017年德国住房储蓄机构的贷款存量中98%以上为住房贷款。德国现有20家住房储蓄机构，其中12家为私营机构，在全国经营甚至跨国经营，另外8家为州立机构，负责地区经营。由于住房储蓄资金仅在机构和参与的居民之间循环，因此利率不受外界资本市场的干扰，得以施行长期稳定的低存低贷固定利率制度，存贷款利差保持在2个百分点。

新加坡的中央公积金制度推行封闭式管理，保证专款专用。《中央公积金法》严格限制公积金的提取和投资：一是实施最低存款额规定，会员动用普通账户和特别账户进行资本投资时，须确保账户规定限额（普通账户不低于2万新加坡元，特殊账户不低于4万新加坡元）；二是会员运用公积金账户投资所得须返回个人账户；三是会员退休提取时，普通账户和保健账户须保证规定金额，用于转入养老账户。此外，由于公积金分存在四大账户中，每个账户使用范围仅限于相应领域，保证专款专用。

2. 教训

商业性房地产金融须控制杠杆：美国房地产金融一级市场的过度保险、二级市场的过度证券化。一级市场通过保险降低信贷门槛。美国首付比例要求低，新发放房贷实际首付比例不足20%，明显低于德国、新加坡、日本等国（超过30%）。居民享有多样化的抵押贷款产品和用途，再融资比重高达1/3。对于低首付、低信用、低收入居民家庭，通过以政府机构为主、与私营保险相结合的抵押贷款保险体系进一步降低信贷门槛，最低可实现零首付。二级市场支持金融机构将抵押贷款出表。二级市场以资产证券化为主，住房抵押贷款相关证券每年发行规模达2万亿美元，存量超过9万亿美元。政府性机构是二级市场最重要的主体，抵押贷款相关证券市场份额超过90%，其中，房利美和房地美是发行机构，市占率超过60%，吉利美是担保机构，市占率超过30%，为联邦住房管理局、美国退伍军人事务部等政府机构保险贷款的资产证券化提供兑付担保。

土地与金融须相对分离：日本土地金融泛滥。土地投机是产生房地产危机的直接推手。日本国土面积中建筑用地占比极低，地少人多的现状及战后至今地价一路上涨（仅1975年小幅回调）的事实，强化了人们对于地价只涨不跌的心理预期，促使其将土地视为最好的投资品。而日本商业银行等金融机构以土地为抵押品进行放贷，赋予土地除基本的使用价值外很强的金融功能。20世纪80年代后的金融自由化导致银行贷款竞争加剧，土地抵押贷款增加，刺激地价大涨；而土地增值可作为营业外收入入账，宽松的资金面进一步提升了企业的囤地意愿，日本土地在货币宽松、投机四起的环境下快速泡沫化。1981—1990年，法人企业以年均17.6%的增速投资不动产，远超8.5%的制造业，直接导致房地产市场泡沫化。

四、必须有健全的房地产税制

房地产税制是与房地产开发、买卖、租赁有关的财税制度安排，是调节居住成本、房价以及相关收入分配的重要手段。

1. 经验

鼓励居民自住（包括租赁）、抑制投资投机为首要功能。例如，德国、日本鼓励租赁的税制，英国、日本、新加坡等对短期交易征重税的税制。

德国实行均衡的税收制度，交易环节征收重税，遏制投机；使用环节征收二套住房税，减少空置；保有环节仅征收土地税，鼓励长期持有。住房税收占全国税收收入的比重仅为3.7%，占财政收入的比重仅为1.9%，居民住房税收负担较低。

日本在交易环节需缴纳转让所得税、不动产取得税等，若持有不到5年，仅转让所得税的综合税率就高达39.63%，抑制短期交易。

新加坡实行交易保有并重的税收制度。新加坡房地产相关税种包括印花税、财产税和所得税。其中，印花税征收范围广，税率累进，房屋价值越低、持有年限越长，税率越低。所得税，买卖环节只针对投资炒作的个人征收。

英国在交易环节对二套住房征收重税以抑制投机。土地印花税根据住房价值征收，采取超额累进税率，购买首套住房税率为0~12%，两套及以上各档税率提高3个百分点或4个百分点且免税额度更低。对转让投资性住房的收益征收资本利得税，个人所得税税率为20%的基本纳税人，资本利得税税率为18%；个税税率为40%或45%的高薪及附加税纳税人，资本利得税税率为28%。

中国香港居民购买首套房须缴纳4.5%以下的从价印花税，购买两套以上住房缴纳15%的从价印花税；非中国香港居民购房除缴纳15%的从价印花税以外，还须缴纳15%的买家印花税。此外，购买未满3年内转售的房屋，买家还须与卖家共同缴纳10%~20%的额外印花税。税基均为物业售价或评估价的较高者。

2. 教训

房地产税在交易和保有环节失衡，是日本、中国香港等地的教训。日本特别土地保有税创设于1973年，对一定规模以上的土地分别在购置和持有（土地获得后10年内）两个环节征税，其中在购置环节每年征税额为交易价格的3%，在持有环节每年征税额为交易价格的1.4%。虽然日本持有环节标准税率为1.4%，但由于计税价格严重低于市场价格，且免税范围广，实际税率偏低。实践中，由于不动产持有成本低、交易成本高，居民倾向于持有，导致日本税收制度在房地产上升期加速泡沫形成。在房地产价格大涨时，居民仍倾向持有，市场难以有效出清，导致土地市场供应不足，推升地价。1989年底，日本通过了《土地基本法》，明确"对土地要适宜地采取合理的税制措施"。1990年4月，日本政府税制调查会正式提出了实行土地保有环节征税等政策建议。1992年4月，日本开始对大规模保有土地以土地价值估价为计税依据和0.3%（其中第一年是0.2%）的税率征税，并强化了土地保有环节的征税力，将持有时间超过10年的城市区域内具有一定规模的土地也列入征税范围。日本为抑制地价上涨，保有环节又突然加税，在房地产下行时加速泡沫破灭。

中国香港税收制度在交易环节征收重税，炒房成本高，但保有环节税负低。保有环节基于租金征税，包括5%的差饷与3%的土地租金，出租物业另缴15%的物业税。但差饷与土地租金只占物业价值的0.2%~0.5%，与欧美物业税（1%~2%）相比偏低。

第五节　坚持和深化中国住房制度改革的建议

与其他主要经济体相比，我国住房市场表现出的高购房率、高空置率、高杠杆率，均反映出我国住房市场更强的投资属性。正因如此，2016年中央提出要促进房地产市场平稳健康发展，并明确了加快建立多主体供给、多渠道保障、租购并举的住房制度，为未来住房制度深化改革以及推动形成住房市场新模式指明了方向。

一、明确住房定位是深化住房制度改革的前提

近年来中央提出的多主体供给、多渠道保障、租购并举的住房制度改革目标，与"98房改"确定的分类供应、市场和保障双轨并行的制度实际上一脉相承，与其说是新制度，不如说是针对"98房改"制度在实践中走偏——投资属性过强的系统性纠正。实践中"98房改"的目标之所以走偏，除了对住房的民生属性认识不足、过度强调市场属性，很大程度上在于过去20多年，房地产事实上成为宏观调控、刺激经济的重要手段。"98房改"提出的"最低收入家庭租赁由政府或单位提供的廉租住房；中低收

入家庭购买经济适用住房；其他收入高的家庭购买、租赁市场价商品住房"的分类供应、市场和保障并举的住房制度，之所以短短几年就被2003年《国务院关于促进房地产市场持续健康发展的通知》提出的"多数家庭购买或承租普通商品住房"所取代，与当时应对亚洲金融危机、扩大内需的形势，以及将房地产发展为国民经济支柱产业的思路不无关系。2008—2015年以来房价大幅上涨，与当时应对国际金融危机的形势紧密关联；2015年以来的大规模棚改货币化掀起的又一轮三、四线城市住房大开发，同样与当时房地产库存积压、外需放缓有关。毋庸讳言，过去20多年来房地产作为刺激经济的手段，一方面作用巨大，另一方面也是房价一轮又一轮上涨的重要诱因。正是在房价持续快速上涨的背景下，租房不如买房、全款买不如贷款买、出租不如卖房、自有资金开发不如加杠杆、卖现房不如卖期房等一系列杠杆投资行为，既可获得更高的投资收益，又不会出现债务风险。同时，在宏观层面，持续快速上涨的房价也会不断放大房地产这一长产业链对整个国民经济的影响，地产与经济、金融陷入深度捆绑，对住房市场任何偏离制度初衷的纠偏，都会因投鼠忌器而难以真正实施，整个住房市场的居住属性与投资属性、社会功能与经济功能、实体经济属性与金融属性不断偏向后者。住房制度（房地产健康发展的长效机制）的纠偏被不断延后，纠偏难度和风险不断累积，积重难返。

自2016年底中央经济工作会议提出"房住不炒"以来，以健全房地产融资宏观审慎管理制度为突破，房地产市场呈现前所未有的深度调整。这一背景下如何处理好稳经济、稳金融和改制度的关系颇具挑战性。从制度建设纠偏的长远利益看，在守住不发生系统性风险底线的同时，坚持不对房地产强刺激，不搞流动性大水漫灌，仍是需要坚持的另一条底线。在稳地价、稳房价、稳预期的同时，彻底打破房价只涨不跌的预期，是纠偏住房过强投资属性的关键，也是回归分类供应、市场和保障并举住房制度的前提。相关代价一定程度上可视为过去20多年来住房市场需求过度透支、供给过度超前的市场出清成本。

二、健全与分类供应、市场和保障并举的财税、土地制度是根本

"98房改"所确定的分类供应、市场和保障双轨并行的住房制度，至今仍具有合理性。综观国际经验，尽管具体做法不同，但住房问题解决得比较好的国家，一个共同特点是不同人群均可从住房体系中找到与其年龄、收入相匹配的住房供应途径。我国"98房改"确定的分类供应、市场和保障双轨并行的住房制度之所以在实践中走偏，除了前述过度强调住房市场及住房产业对经济的拉动作用，忽视住房问题的社会属性，关键在于现有财税、土地制度仅与商品房供应和产权化市场激励相容，与非商品房供应、租住市场激励不相容，同时所有住房供应的基本要素——土地，均来自同一主体（地方政府）。

一方面，央地事权和财力不匹配形成了地方收支缺口；另一方面，政府垄断供地又为弥补这一收支缺口创造了条件，其"衍生品"就是住房供应和住房市场的两极分化。从住房供给看，就是商品房买（租）不起、保障房买（租）不到；从住房市场看，就是商品房市场过度投资，保障房市场过度萎缩；从次生影响看，就是经济、金融对房地产依赖的不断增强。

从改革方向看，实现中央提出的多主体供给、多渠道保障、租购并举的住房制度，关键仍在于深化财税、土地制度改革。在财税制度上，建立权责清晰、财力协调、区域均衡的中央和地方财政关系；深化税收制度改革，健全地方税体系；鼓励地方政府逐步以房产税、土地出让年租制获取土地出让收益。在土地制度上，按住房供应制度分类实施多渠道、多主体供地，健全人地挂钩政策；在兼顾各方利益下盘活存量土地，打通农村建设用地入市的堵点。

三、发行长期住房建设国债为住房改革提供资金保障

尽管我国住房财富巨大（多数测算认为超过400万亿元），但住房相关的政府、企业（开发商）、居民债务同样巨大，且由于政府垄断供地可能导致人为高地价，一旦融资环境发生变化，就可能危及土地及住房销售，甚至引发整个房地产市场的深度调整，并对经济金融产生巨大破坏。因此，任何改革都需建立在维

护房价基本稳定的前提下进行，而维护房价的基本稳定，又需控制新增住房用地（特别是公租房等保障性住房用地）以维护地价，但如此又会造成住房供给短缺推动房价上涨。

  要打破上述过去多年的悖论式循环，关键是解决地方政府因促进房地产市场平稳健康发展而可能减少的土地出让金。比如，为抑制房地产过度投机，鼓励地方政府逐步以土地年租制、房产税替代一次性获取土地出让金，以及大幅增加公租房等保障性住房供地等，都会因此而减少当期土地出让金收入。为此可发行长期专项国债（20~30年期）筹资，以不同方式、不同程度弥补地方政府因房地产转型减少的土地出让金。其中，对以成本价（土地收储＋整理成本）提供的公租房等用地，可由专项国债资金承担较大比例（如60%）低于按市场价供地产生的损失，并对其低于市场租金回报部分给予适度补偿；对地方政府采取年租制供地当下减少的土地出让金，可由中央财政从专项国债资金中以贷款方式（利率为专项国债融资成本）为地方政府提供资金，地方政府则以土地年租收入逐年偿还。为鼓励地方政府开征房产税替代土地出让金，中央政府可根据地方政府土地财政收入中的房产税收入占比，从专项国债资金中出资向地方政府提供奖励资金。除以上资金运用方式外，中央政府专项国债资金亦可以为首套房贷款、租赁房REITs等提供贴息等方式运用。为降低住房专项国债融资成本，中央银行可根据国债资金用途采取不同的方式给予支持，同时个人投资住房国债的资金，可纳入个税专项扣除且对投资收益免税。

四、健全居住和投资属性相结合的住房金融制度

住房具有居住和投资双重属性，相应的金融制度安排，亦应适应双重属性做出安排。对居住属性而言，如首套房以及公租房等保障性住房，可在现行公积金制度的基础上，进一步完善鼓励住房储蓄的税收、利率以及储贷挂钩的金融制度设计，尤其是明确财政支持保障性住房（包括公租房）投融资的贴息等制度安排。对市场性住房供应，仍需以促进房地产市场平稳健康发展为重点，坚持并完善房地产融资的宏观审慎管理制度。同时应健全投资REITs的税制等制度，满足正常的房地产投资需求，为广大居民的财富保值增值创造条件。

五、逐步改革住房预售制度

一是明确改革总体方向和原则。从强化金融与实业相对分离的基本制度安排、防止金融泛化的高度来认识和规范住房预售制度，通过压缩预售资金池弱化房企的金融属性，既从根本上消除房地产行业依靠"金融化"方式无序扩张的根源，也阻断房企向购房者转嫁融资成本的路径，消除购房者对房企的"隐性补贴"。

二是统一全国住房预售监管标准。改变由地方政府多头立法的做法，在全国范围内统一规定住房预售条件、预售比例、预售资金管理和用途等基本监管要求。

三是逐步弱化预售资金的融资功能，降低预售制带来的高杠杆高周转效应。在改革初期，可考虑以中国香港制度为主要参照，先重点规范预售资金的使用端，将预售资金用途限制在所对应房产项目的开发建设上，不能用于其他房产项目，更不能归集到集团总部形成"资金池"，不能用于多元化投资扩张；实行预售资金全额托管，保障资金安全与合规使用，根据工程进度支付所对应项目费用。从中长期看，可参照德国、法国、新加坡等的做法，改变购房者一次性全额支付房款的做法，在预售资金来源端逐步实行按工程进度分期付款；还可进一步提高预售许可标准，比如将预售所需达到的工程进度提高到主体结构封顶。从远期看，随着我国住房供需更趋平衡，可进一步过渡到美国、英国等的"现房"销售制度，购房者只需先行支付定金，定金存放在专门账户直至房屋建成，房屋交付时才支付首付款、发放住房按揭贷款，基本消除预售制度的融资功能。

四是新老划断，先局部试点再推开，稳步推进住房预售制改革。根据房地产市场运行状况，从住房供给相对充足的城市开展试点，采取新老划断原则，设定必要的过渡期，逐步稳妥实现改革目标。

第四章

土地供应：中国住房土地供应制度的演进、挑战与改革

中国当前的房地产发展模式,与中国独特的二元土地制度安排密不可分。自 1994 年分税制改革以来,"以地促发展"的工业化和城镇化成为经济增长的发动机。地方政府在激烈的招商引资竞争中,低价出让工业用地换取产业发展,垄断性高价出让商住用地获取高额土地出让金,导致城市用地结构失衡:工业用地比重过高而商住用地比重过低,商住用地的供应比例仍然不到 20%。房地产"绑架"了地方政府,畸高的房价则抑制了居民消费、新市民落脚城市。

随着经济增长回落,上述"以地促发展"模式的弊端日益显露。政府为稳增长,实行刺激政策,导致过量流动性进入房地产。加杠杆与房价上涨形成相互强化的循环,居民部门、房企、地方政府杠杆率均显著攀升,房价上涨速度超过了居民收入增速,泡沫化风险日益显现。在二元土地制度的另一端,起源于计划经济时期的农村宅基地安排,不可避免地与市场经济浪潮下的人口大量流动之间形成巨大的张力。

2021 年下半年以来,中国房地产市场出现历史性下行,部分房企出现流动性风险。但危中有机,土地是破题的关键。系统性地考察二元土地制度与二元住房制度的关系,渐进式推动城乡统一的住宅土地供应市场化,不仅有可能实现房地产业发展模式的转变,也有助于经济增长模式的转变。如果说当前发展模式是偏紧的土地供应与偏松的金融政策作用的结果,那么改革的方向则是通过更加多元、更加市场化的土地供应增加供给对需求的响应弹性,通过打破土地供应的垄断来降低地价在房价中的偏高占比,为居住产品的"高质量"留出合理的利润空间。

本章将在对中国住房土地供应制度进行历史回顾的基础上,着重分析当前住宅土地制度的特征,并指出新发展阶段城乡住宅土地制度面临的重大挑战。在未来的改革中,应从土地结构的调整、土地融资改革等方面入手,探索建立城乡统一的住宅用地供应市场,为房地产业探索新的发展模式奠定土地要素基础。

第一节　二元土地制度与二元住房制度的演变与特征

中国独特的土地制度是过去30多年来经济高速增长的重要原因，也是城市房价畸高甚至泡沫化的症结所在。在目前中国的土地制度和财政管理体制下，地方政府是中国城市土地市场的垄断供给者，可以利用其对本地住宅用地一级市场的垄断，构建一个土地供应的"卖方市场"，通过低价和高比例工业用地配置推动园区扩张和高速工业化，通过土地资本化推进城市建设和快速城市化，创造中国经济奇迹，形成中国独特的"以地促发展"模式。当前，地方政府债务、土地财政依赖、城市房价畸高甚至泡沫化等问题都是"以地促发展"模式下的一连串事件，需要从中国独特的土地制度结构和住房土地制度中寻找其体制根源。

一、二元土地制度框架下的二元住房制度

我国土地制度的突出特征是城乡二元的土地权利配置。1982年《中华人民共和国宪法》规定，城市土地属于国家所有，并确立中国城市土地国有制和农村土地集体所有制并存的土地所有制架构。在城乡二元的土地所有制结构下，衍生出城乡二元的土地权利体系。法律允许城市国有建设用地机构和个人拥有使用权，在符合规划和用途管制的前提下拥有较为充分的使用权权能，使用权人享有该土地在限期内的占有、使用、收益、转让、担保抵押权。相比之下，农村集体土地的使用权权能是不完整的，农村可以用作集体建设用地的土地限于三类：一是农民集体兴办企业或者与其他单位、个人以土地使用权入股、联营等形式共同举办企业用地；二是集体公共设施和公益事业建设用地；三是农民宅基地。同时，农村集体建设用地不允许出租，乡镇、村企业的建设用地的土地使用权不得抵押，宅基地使用权人依法对集体所有的土地享有占有和使用的权利，但没有收益权和转让权。

二元土地制度框架下，用途管制成为土地管理体系的核心内容。国家作为国有土地的所有者，按照法律赋予相关土地管理部门管理权，主要在用途管制、规划实施、出售土地等环节制定法律法规。以土地用途管制为核心的土地管理体系，主要包括四个内容：一是国家编制土地利用总体规划，规定土地用途，将土地分为农用地、建设用地和未利用地；二是规定土地利用总体规划

的地位、作用及审批程序；三是严格限制农用地转为建设用地，控制建设用地总量，对耕地实行特殊保护；四是明确规定农用地转为建设用地的批准权限，适当集中征地审批权。土地用途管制制度强化了土地利用总体规划和土地利用年度计划的法定效力，提高了土地管理对用地结构、规模及配置等方面宏观控制的能力。需要注意的是，尽管农村土地属于集体所有，但是农村土地规划、用途管制甚至宅基地审批、管理等权限仍由在基层行政机关的土地管理部门掌控。

  基于上述制度安排，地方政府独家垄断城市土地供应，并形成了城乡分割的住房土地市场。在二元土地所有制和用途管制之下，农村土地转用必须经过征收程序由集体转为国有，农地转为非农用地时，由市县政府实行征收与转让。首先，城市土地由地方政府独家垄断土地收储和供应。通过土地征用和土地收购，土地使用权由农村或城市使用者向政府集中。政府购得土地后，并不是立即出让，而是依据其需要进行储备适时供应，例如，通过设立"土地储备中心"控制商住用地的规模。国有土地实行划拨供应和有偿使用的双轨制，除基础设施用地实行划拨供地，其他各类建设用地一律实行出让、租赁、作价出资或者入股等有偿使用方式，尤其是经营性用地采取招标、拍卖、挂牌公开竞价的方式出让。其次，地方政府垄断城市土地供应的增值收益。由于市县政府是土地征收的实施主体和土地一级市场的唯一供地主体，土地交易处于卖方垄断下的买方竞争，土地用途转换时的增值收益被地方政府捕获并由其使用和支配，地方政府产生了过少供给住宅用地来获得最高垄断利润甚至土地财政依赖。

城市住房土地按照划拨、招拍挂等方式供应，土地使用权向各类法人机构和城乡居民开放。与之相比，农村宅基地则以村社为边界、集体成员身份作为准入条件，不仅严格限制城镇居民下乡购置宅基地，而且严格限制宅基地向村社集体外流转。在这样的情况下，城市和乡村实际上形成了完全分隔、相互隔绝的住房土地供应体系和住房土地市场，按照各自不同的准入方式进入市场，城市住宅土地由政府划拨或者出让，而农村宅基地不能交易或者处于无公允价格的非正规交易状态，由此造成土地价格扭曲和资源配置低效。

二、城市住房土地制度的演变与特征

总的来看，从1949年新中国成立至今，住房用地供应制度的基本方向是，从无偿划拨的计划方式逐步转向有偿有期限出让，最终形成当前全面招拍挂制度的市场化方式。在推动高质量发展的进程中，土地制度在系列房地产政策目标下进一步完善。

第一，从无偿划拨土地到有偿有限期出让和转让（1949—1998年）。1949年新中国成立以后，我国城镇住宅用地政策经历了从"新民主主义"向"社会主义"的重大转变，逐渐形成计划经济体制下的无偿划拨土地供应。1982年以前，新建住宅中的所有土地供应都实行政府统一的无偿计划供应，即"划拨土地供应",城市土地市场和房地产行业都是不存在的。1987年,为解决外资企业使用土地的政策困境,我国修订了《中华人民共和国土地管理法》,从严禁"土地流转"改为"有条件允许转让"。1988年修改的《中华人民共和国宪法修正案》增加了"土地的使用权可以依照法律的规定转让"的条款,土地所有权和使用权正式分离,土地使用权可以依法转让,在最高法上确立了土地的有偿使用制度。1988年12月新修正的《中华人民共和国土地管理法》提出,通过土地使用权有偿出让等形式,将市场机制引入土地供应过程中,1990年颁布的《中华人民共和国城镇国有土地使用权出让和转让暂行条例》规定,国有土地的使用权可采取协议、招标和拍卖等市场交易方式进行出让。正式开启了城市土地制度以及供应的市场化改革。由此,这一阶段形成了无偿行政划拨和有偿出让土地两种供应方式,但总体上讲,这一时期土地供应方式仍以协议出让为主,以公开招拍挂形式进行出让的比重还不高。

第二,城市土地市场化转型,住宅用地招拍挂出让(1999—2012年)。为避免城镇土地的非市场化配置造成的土地收益流失,国家开始加大招标拍卖出让的执行力度。1999年《关于进一步推行招标拍卖出让国有土地使用权的通知》提出,严格限定行政划拨和协议出让供地的范围。2002年5月国土资源部发布的《招标拍卖挂牌出让国有土地使用权规定》正式叫停了沿用多年的土地协议出让方式,明确规定,自2002年7月1日起,全国范围内凡商业、旅游、娱乐和商品住宅等各类经营性用地,必须以招标、拍卖、挂牌等方式出让国有土地使用权。2004年3月《关于继续开展经营性土地使用权招标拍卖挂牌出让情况执法监察工作的通知》规定，2004年8月31日起，城市土地市场不能再以历史遗留问题为理由采用协议方式出让经营性国有土地使用权，只能采取公开招标、拍卖和挂牌的方式。"831大限"后，我国基本停止了经营性用地的土地协议出让，而全部改成了招拍挂出让方式。从有偿出让到招拍挂，标志着我国住宅用地供应由非完全市场化配置资源向完全市场化转型，市场化程度显著提高。2007年开始实施的《中华人民共和国物权法》使土地使用权招拍挂出让方式由国家政策上升为法律规定。经过这一阶段，包括住宅用地在内的经营性用地，已全面实行招拍挂的市场化出让方式。

第三，服务"促进房地产市场平稳健康发展"目标的住房土地制度调整（2013年至今）。随着中国经济增长动能转换、大城市住房矛盾凸显以及房地产泡沫风险加剧，传统"以地促发展"模式的弊端突出，土地制度安排开始转向，并在系列房地产政策目标下逐渐完善。一是着力解决居民住房供需矛盾。国家不仅持续要求优化城镇空间结构，适当控制和减少工业用地，优先安排和增加住宅用地，[①]而且提出鼓励利用集体建设用地建设租赁房，[②]建立多主体供应、多渠道保障、租购并举等住房土地供应制度。[③]二是防范土地过度金融化引发的金融风险。国家出台政策

[①] 参见2014年颁布的《国家新型城镇化规划（2014—2020年）》，2017年初出台的《全国国土规划纲要（2016—2030年）》。

[②] 参见2017年8月印发的《利用集体建设用地建设租赁住房试点方案》。

[③] 参见2021年7月国务院办公厅印发的《国务院办公厅关于加快发展保障性租赁住房的意见》。

完善了地方政府举债和融资的机制,[①]对现有的土地储备机构及其融资功能进行了全面清理,[②]严禁以政府储备土地违规融资,严禁将储备土地作为资产注入国有企业,[③]将土地储备项目全流程纳入预算管理,[④]严禁以已有明确用途的土地出让收入作为偿债资金来源发行地方政府专项债券,[⑤]甚至将国有土地使用权出让收入全部划转给税务部门负责征收。三是调整土地出让抑制房产投机。2016年12月的中央经济工作会议指出,要综合利用金融、土地、财税、投资、立法等手段促进房地产市场平稳发展,2018年12月在全国住房和城乡建设工作会议上首次提出了"稳地价、稳房价、稳预期"的"三稳"目标。2021年初,自然资源部出台了22城"两集中"土地出让政策,[⑥]通过供给端改革稳定市场预期,抑制生产资料价格和房地产价格过快上涨。同年颁布的"十四五"规划进一步强调"建立住房和土地联动机制",未来一段时期的土地供给模式将打通地价和房价,探索更为公平合理的联动机制。

---

① 参见2014年国务院出台的《国务院关于加强地方政府性债务管理的意见》。
② 参见2016年财政部等四部委发布的《关于规范土地储备和资金管理等相关问题的通知》。
③ 参见2018年6月自然资源部发布的《关于健全建设用地"增存挂钩"机制的通知》。
④ 参见2019年5月财政部、自然资源部印发的《土地储备项目预算管理办法(试行)》。
⑤ 参见2020年9月中共中央办公厅、国务院办公厅印发的《关于调整完善土地出让收入使用范围优先支持乡村振兴的意见》。
⑥ 包含两大内容:一是集中发布出让公告,原则上发布出让公告全年不得超过三次;二是集中组织出让活动。

三、农村住房土地制度的演变与特征

农村住房土地制度的主要构成部分是宅基地制度，在一些人口流入的"城中村"或"城乡接合部"，还涉及集体建设用地制度。新中国成立以来，农村宅基地制度经历了从农民私有到农民集体公有、从房地一体到房地分离、从自由流转到限制流转、从财产功能到保障功能、从权利开放到权利封闭的演变，形成了以"弱产权"和"强管制"为特征的宅基地制度体系。十八届三中全会以来，尽管有朝向权利开放的宅基地制度改革试点探索，但是进展相对缓慢。

第一，宅基地由农民私有到集体公有。中国共产党领导的土地改革依据"居者有其屋"的原则给农民分配住房和宅基地，宅基地作为农民的私有土地，农民享有宅基地的所有权，可以买卖、出典、出租和继承。[①] 农民合作化至高级社时期，农民对农房及宅基地的私有产权没有改变，宅基地及农房并未被严格区分，房屋地基所有权仍是私权，农民享有使用、买卖、出租、抵押、继承等权能并受到法律保护。1962年出台的《农村人民公社工作条例（修正草案）》首次使用"宅基地"一词，创设了宅基地和农房产权分离的制度安排，将宅基地、自留地等划归生产队集体所有，一律不准出租和买卖。农民对宅基地产权由私有性质

[①] 参见1954年9月20日第一届全国人民代表大会第一次会议通过的《中华人民共和国宪法》。

的所有权转化为集体所有权下的使用权，不过宅基地使用权性质和内容并不明确。

第二，宅基地使用权和农房所有权能不断弱化。一方面，法律明确规定了宅基地所有权为集体所有，[①] 宅基地使用权权能被明确为使用权和继承权，宅基地不得买卖、租赁、抵押。2007年《中华人民共和国物权法》虽然明确了宅基地使用权为"用益物权"并通过确权登记予以保护，但该项权利被施加了如下限制：不得进行抵押，[②] 不得出让、转让或者出租用于非农业建设。[③] 另一方面，人民公社时期确立"房地分离"的制度安排后，社员对农房具有排他性所有权，社员有买卖、租赁或典当房屋的权利并受法律保护，[④] 宅基地使用权随着房屋的买卖和租赁而转移，而农房所有权权能也被限定为只有继承权，不能出租、转让和抵押。[⑤]

第三，宅基地使用权从权利开放到封闭。改革开放初期，宅基地使用权还具有开放性，由城乡居民共同享有。法律明确规定，除农村居民可以依法申请、无偿取得宅基地之外，回原籍乡

---

① 参见1982年《中华人民共和国宪法》、1986年《中华人民共和国民法通则》、1986年和1988年《中华人民共和国土地管理法》。

② 参见2007年《中华人民共和国物权法》。

③ 参见1998年《中华人民共和国土地管理法》和2004年《中华人民共和国土地管理法》。

④ 参见1963年8月最高人民法院出台的《关于贯彻执行民事政策几个问题的意见（修正稿）》、1975年和1978年《中华人民共和国宪法》、1978年《农村人民公社工作条例（试行草案）》、1979年《关于贯彻执行民事政策法律的意见》、1981年《关于制止农村建房侵占耕地的紧急通知》。

⑤ 参见1982年《中华人民共和国宪法》、1985年《中华人民共和国继承法》、1986年《中华人民共和国民法通则》。

村落户的职工、退伍军人和离、退休干部,以及回家乡定居的华侨、港澳台同胞,城镇非农业户口居民也可以依法申请有偿使用宅基地建住宅。[1] 1999年国务院办公厅出台《关于加强土地转让管理严禁炒卖土地的通知》之后,彻底将非成员宅基地使用权排除在外:农宅不能向城市居民出售,城市居民不能使用集体土地建房,随后国家逐步严令城镇居民不能到农村购置宅基地,[2] 强调严禁为城镇居民在农村购买和建造的住宅发放土地使用证和房产证,[3] 关闭了城镇居民获取宅基地建房的通道。

第四,宅基地和农房管制不断强化。宅基地的获得方式是依法申请无偿取得,农民建房纳入政府管理,在面积标准、用途和规划管制、建房审批管理等方面受到管制。一方面,一户一宅,严控规模。国家规定宅基地使用受省级"用地限额"和县级"面积标准"限制,[4] 不能超过各省划定标准,[5] 禁止私自扩大宅基地。[6] 出于耕地保护的需要,国家严格规定农村居民只能拥有一处不超标的宅基地且多余的宅基地由集体经济组织收回,[7] 出卖、

---

[1] 参见1982年《村镇建房用地管理条例》、1986年和1988年《中华人民共和国土地管理法》、1991年《中华人民共和国土地管理法实施条例》。

[2] 参见2004年《国务院关于深化改革严格土地管理的决定》。

[3] 参见2004年《关于加强农村宅基地管理的意见》和2008年《国土资源部关于进一步加快宅基地使用权登记发证工作的通知》。

[4] 参见1982年《村镇建房用地管理条例》。

[5] 参见1986年《中华人民共和国土地管理法》和1988年《中华人民共和国土地管理法》。

[6] 参见1983年5月25日国务院批准的《城镇个人建造住宅管理办法》。

[7] 参见1997年《中共中央、国务院关于进一步加强土地管理切实保护耕地的通知》。

出租房屋的农户不能再申请宅基地,[①] 严格控制宅基地使用规模。另一方面,严格审批管理,上收审批权限。居民建房需先向村农业集体经济组织或者村民委员会提出用地申请,[②] 使用原有的宅基地和村内空闲地报镇(乡)人民政府审批,[③] 使用耕地的经乡级人民政府审核后需报县级人民政府批准。[④] 1998年与2004年的《中华人民共和国土地管理法》,将农民使用两类土地建房审批的权限上收为乡审县批和省级政府批准。

中共十八届三中全会以来,国家通过试点推动宅基地制度变革,但是试点推进和修法进展相对缓慢。改革试点的主要内容包括宅基地有偿使用,宅基地自愿有偿退出机制,农村住房财产权抵押,完善宅基地取得以保障户有所居,改革宅基地审批制度、将权力下沉到基层组织等。然而,仅有宅基地依法自愿有偿退出、人均土地少且不能保障一户拥有一处宅基地的地区自定标准保障农村村民实现户有所居,以及宅基地审批权下放等内容被写入2019年修正的《中华人民共和国土地管理法》,更加重要的宅

[①] 参见1982年《村镇建房用地管理条例》、1999年《国务院办公厅关于加强土地转让管理严禁炒卖土地的通知》、1998年和2004年《中华人民共和国土地管理法》、2004年《国务院关于深化改革严格土地管理的决定》和《关于加强农村宅基地管理的意见》、2008年《国务院关于促进节约集约用地的通知》和《国土资源部关于进一步加快宅基地使用权登记发证工作的通知》。

[②] 参见1985年《村镇建设管理暂行规定》、1991年《中华人民共和国土地管理法实施条例》、1993年《村庄和集镇规划建设管理条例》。

[③] 参见1986年和1988年《中华人民共和国土地管理法》。

[④] 参见1986年和1988年《中华人民共和国土地管理法》、1991年《中华人民共和国土地管理法实施条例》、1993年《村庄和集镇规划建设管理条例》。

基地有偿使用、宅基地村社流转、宅基地使用权和农房财产权抵押贷款，以及宅基地转为经营性建设用地等改革试点进展缓慢，尚未形成修法经验。

四、集体建设用地的演变与特征

自高级社和人民公社时期，土地从私有变为集体所有，以及集体组织作为一级主体起，中国的乡村不仅存在建设用地，而且是具有中国特色的"集体建设用地"——集体的公共用地和办企业用的经营性用地。[①]集体建设用地的大量出现和利用始于20世纪80年代初的农村改革，产业结构调整和乡镇企业异军突起，乡镇企业大量用地是当时发展与土地利用的主战场。这一时期，农村建设用地使用处于事实上的自发状态，但是农村集体将集体土地转为非农用并未受到制约。这一用地制度尽管带来了乡村工业化的繁荣，但也导致了农村耕地被大量占用的严峻形势。1986年，国家出台《中华人民共和国土地管理法》，对集体建设用地的使用进行规范，但是并不存在非农建设土地使用上的土地所有制分别。

随着1998年《中华人民共和国土地管理法》的修正与实施，乡村集体建设用地与城市国有建设用地平等使用的格局发生重大

---

① 参见1962年9月27日通过的《农村人民公社工作条例（修正草案）》。

转变,在耕地保护、用途管制、土地规划、土地利用计划控制、土地转用审批等制度组合下,形成了国有和集体建设用地的差别化对待,集体建设用地被限定在兴办乡镇企业、村民建设住宅、乡(镇)村公共设施和公益事业建设上,农民集体所有的土地的使用权不得出让、转让或者出租用于非农业建设。[①]这套制度安排,实际上日益堵住了集体建设用地进入市场的口子,农地合法进入集体建设用地市场的通道越来越窄。然而,在人口流入地区,大量进城农民工无法真正在城市立足,只能居住在城中村或者城乡接合部,这些地方的农民或者农民集体为了增加收入,也冒着风险自发将集体土地用于非农建设,农民盖房也成为集体建设用地的主体,我国现在农村居民点用地达到17万多平方千米。由于没有建设用地指标,更没有经过审批,这些建设用地很多处于违法违规状态。

[①] 参见1998年修订的《中华人民共和国土地管理法》及其实施细则。

第二节　中国城乡住房土地制度面临的挑战

当前房地产发展模式，是"以地促发展"的非预期后果。经济增长回落后，"以地促发展"的弊端日显，城乡住房土地供应制度，特别是土地财政，因2021年下半年以来房地产市场的历史性下行而受到严重冲击。

一、城市建设用地供给结构失衡，住宅用地供给不足

20世纪90年代以来，中国住房市场化改革提速，住房土地制度也经历了由无偿划拨的计划方式向有偿有期限出让和全面招拍挂的市场化方式转变。然而，在政府垄断国有土地一级市场的制度安排下，城市建设用地供给依然遵从计划指标管理模式，形成"从中央到地方""先地区后用途"的土地配置过程。[1]

在这种独特的土地制度安排下，地方政府"以地促发展"的偏好左右了城市建设用地的供给结构：一是大量低价出让工业用地、建设工业园区，以创造地方税收并拉动经济增长；二是通过控制住

---

[1] 参见余吉祥、沈坤荣：《城市建设用地指标的配置逻辑及其对住房市场的影响》，《经济研究》，2019年第4期。

宅商服用地供给，使房价和地价维持在较高水平，从而获得巨额土地出让收入；三是围绕工业化的基础设施需求推动城市化进程，并利用土地出让和抵押解决基础设施建设的资金问题。由此，形成住宅用地相对供给不足，工业和基建用地供给相对过量的问题。

在经济减速的背景下，地方政府放宽土地供应以期推动经济增长，却进一步加剧城市建设用地供给的结构失衡。2008—2021年，城市建设用地年度供给规模由23.4万公顷增至69万公顷，年均增长8.7%，而住宅与商服用地供应仅由8.9万公顷增至13.6万公顷，年均增长3.4%。相较而言，工矿仓储用地供应年均增长5.0%，基建用地年均增长16.4%。历年国有建设用地供给面积见图4.1。这一时期，住宅与商服用地供应总量仅占全部城市建设用地供应总量的24.6%。

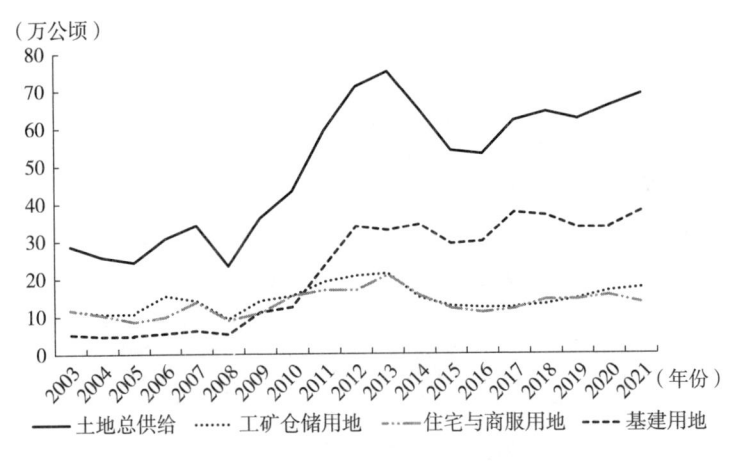

图4.1 历年国有建设用地供给面积

资料来源：2003—2017年数据来自《中国国土资源统计年鉴》，2018—2021年数据来自历年《中华人民共和国国民经济和社会发展统计公报》。

图 4.2 为 2012—2020 年中国城市建设用地结构。从存量结构看，国外城市工业用地占城市建设用地的比重一般不超过 10%，而中国工业用地占比则达到 20%。居住用地占比近年来呈下降趋势，约占城市建设用地的 31%。此外，由于部分城市土地供应实际完成率较低，以及近年来对城市建设用地"盘活存量"和"控制增量"的要求，城市居住用地总规模增长波动下行。全国居住用地总面积变动情况见图 4.3。进一步地，住房土地成交情况近年来持续遇冷，推出住宅用地的成交率已跌至七成。全国住宅用地成交面积及比例见图 4.4。

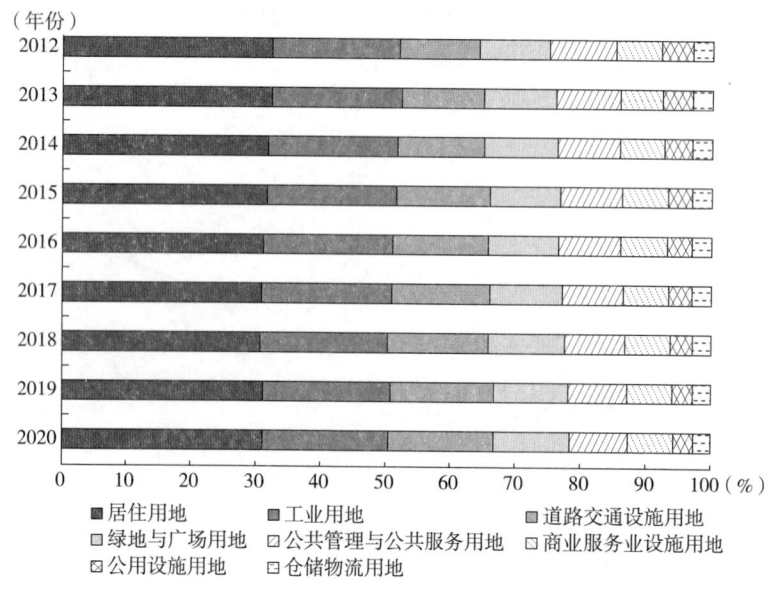

图 4.2 2012—2020 年中国城市建设用地结构

资料来源：历年《中国城市建设统计年鉴》。

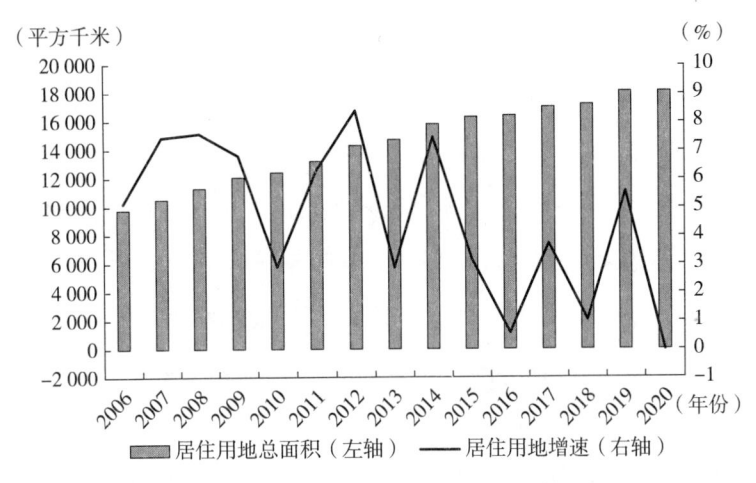

图 4.3 全国居住用地总面积变动情况

资料来源：历年《中国城市建设统计年鉴》。

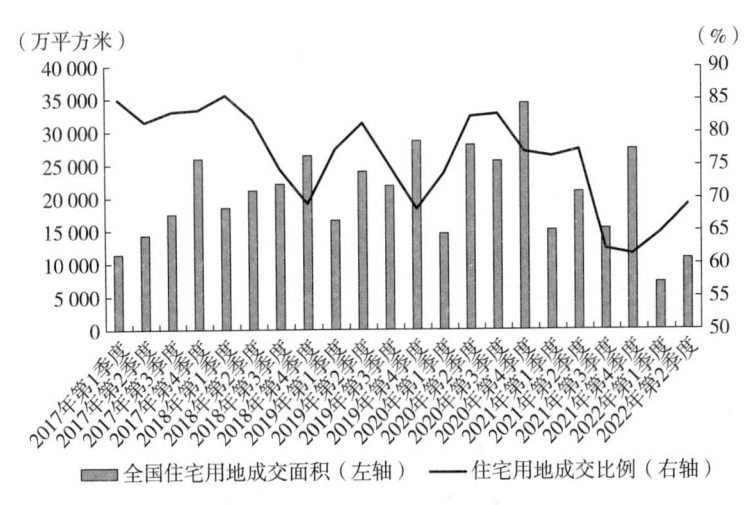

图 4.4 全国住宅用地成交面积及比例

注：住宅用地成交比例 = 住宅用地成交量 / 住宅用地推出量。
资料来源：CREIS 中指数据。

第四章 土地供应：中国住房土地供应制度的演进、挑战与改革土地供给位于房地产产业链上游，由于我国建设用地出让前必须依据城市规划确定容积率要求，土地供给量向住房供给量转化完全由政府决定，因此土地供给量与未来住房供给量高度相关。[①]笔者发现，住宅用地供应涨幅与滞后的住宅销售均价涨幅之间呈显著负相关性。2004—2016年全国住宅用地供应量与滞后一年的住宅销售均价涨幅见图4.5。例如，2012年全国住宅用地供应量为11.47亿公顷，较2011年供应面积增长-9.3%，此后2012年商品房销售均价涨幅达到7.7%。2012年全国住宅用地供应量同比增长23.8%，2013年商品房销售均价涨幅回落至1.39%。当然，不能仅从住宅供应与滞后期房价的负相关性就推出住宅用地供应量上升必然会降低第二年住宅价格涨幅的结论，房价上涨还取决于货币政策和住房金融政策等。但从供给角度看，住宅用地供给应是影响住房价格的一个重要因素。

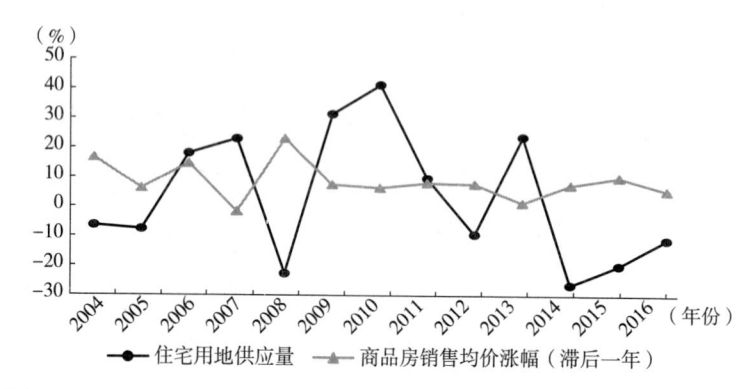

图4.5　2004—2016年全国住宅用地供应量与滞后一年的住宅销售均价涨幅
资料来源：历年《中国国土资源统计年鉴》，Wind。

---

① 参见盛松成等：《房地产与中国经济（新版）》，中信出版社，2021年。

地价和房价螺旋攀升，房地联动机制有待完善。房价是影响居民生活福利、住房市场可持续发展和经济健康稳定增长的重要变量。虽然需求端的房地产调控机制在短期内能够抑制房价的快速增长，但从供给端改革土地与住房的联动机制，能够为构建房地产长效机制提供基础路径。

关于土地价格与住房价格关系的讨论很多。一方面，土地成本在住房成本中占有重要份额，地价决定了房价变动的下限和趋势；另一方面，随着我国住房用地出让统一采用市场化的招拍挂模式，开发商对未来房地产市场价格的预期也将影响其拿地的竞争程度，以及能够承担的土地价格水平。因此，地价和房价往往呈现相互作用、螺旋攀升的变化形态。

近年来，土地价格对住房价格的影响日益凸显。2004—2020年，全国土地购置均价由726元/平方米升至6 762元/平方米，商品房销售均价从2 714元/平方米升至9 860元/平方米，地价房价比由26.8%上涨至68.6%。其中，2019—2020年地价房价比增长了7.4个百分点，主要是因为商品房价格上涨得到控制，而土地价格上涨提速。2004—2020年中国房价地价变动情况见图4.6。

分城市看，2020年全国主要大中城市住宅地价与房价关系见图4.7。例如，虽然2020年上海和深圳的住宅用地成交楼面均价均在15 000元/平方米左右，但两个城市的商品住宅销售均价却相差约20 000元/平方米，上海市地价房价比为40%，而深圳仅为27%。同为一线城市，北京住宅用地成交楼面均价超过30 000元/平方米，明显高于其他一、二线城市，地价房价比也达到76.2%。

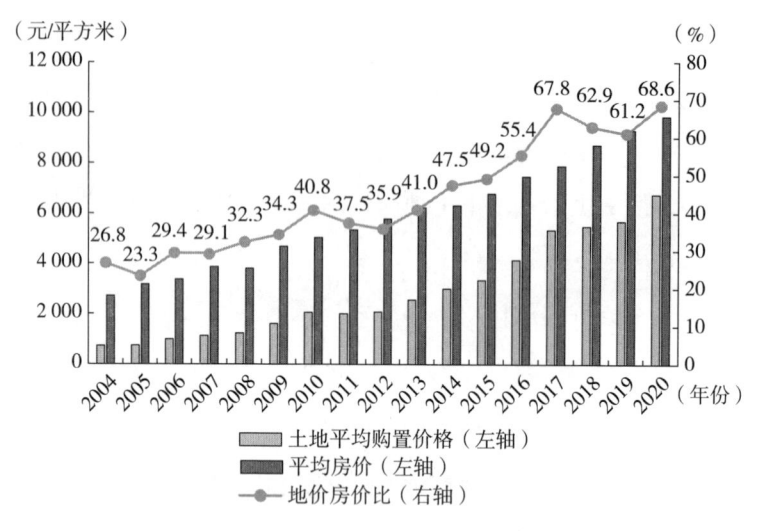

图 4.6　2004—2020 年中国房价地价变动情况

注：地价=本年土地成交价款/本年购置土地面积，房价=全国商品房销售额/销售面积。

资料来源：CEIC，Wind。

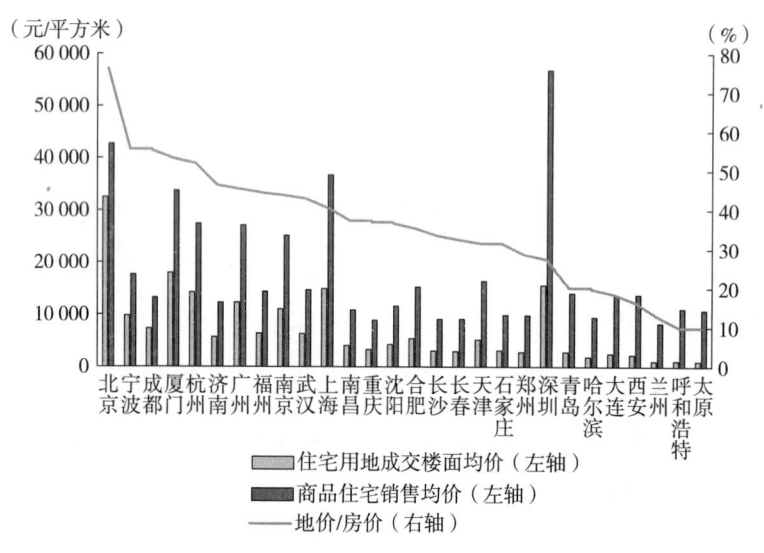

图 4.7　2020 年中国主要大中城市住宅地价与房价关系

资料来源：国信房地产信息网，Wind。

2021年，22城"两集中"土地出让政策出台，土地出让过程中的房价地价联动机制实践随之开启。例如，上海在2021年首批"两集中"出让中实施"房地联动"政策，其发布的《关于进一步加强本市房地产市场管理的通知》指出，"竞买人在参与商品住宅用地竞拍前，应签署知晓出让地块房地联动房价查询结果以及理性竞价的承诺书，承诺书纳入土地出让合同"。相比以前的"限房价、竞地价"，房地联动使开发商在土拍阶段就要依据参考价格承诺以后不能高于上限价格卖房，使其提前考虑利润空间，在拿地时更加理性。

然而，2021年的三批次集中供地结果差异较大，整体呈现"一热、二冷、三回暖"的情况。特别是第一批次集中供地的结果与政策目标相悖，除了上海、北京、苏州、成都溢价率上限水平均不超过15%，其余城市土地溢价率普遍较高，甚至达到50%左右。因此，从第二批次"两集中"供地开始，国家对核心城市土地出让政策进行了调整，包括限定土地溢价上限、不得通过调高底价、竞配建等方式抬升实际房价等内容。从二、三轮供地的情况看，土地市场热度有所降低，房企合理的利润空间得到保障。从图4.8可以看出，"两集中"22城住宅土地平均溢价率在2021年以来显著下降，与非试点城市土地平均溢价率差距拉大，楼面均价增长率也更为平稳。然而，2022年开始"两集中"供应城市的土地平均溢价率和楼面均价增长率一度超过非试点城市（见图4.9）。因此，如何制定合理的土地供应政策对于土地和房地产市场的平稳健康发展至关重要，当前的房地联动机制仍有待进一步完善。

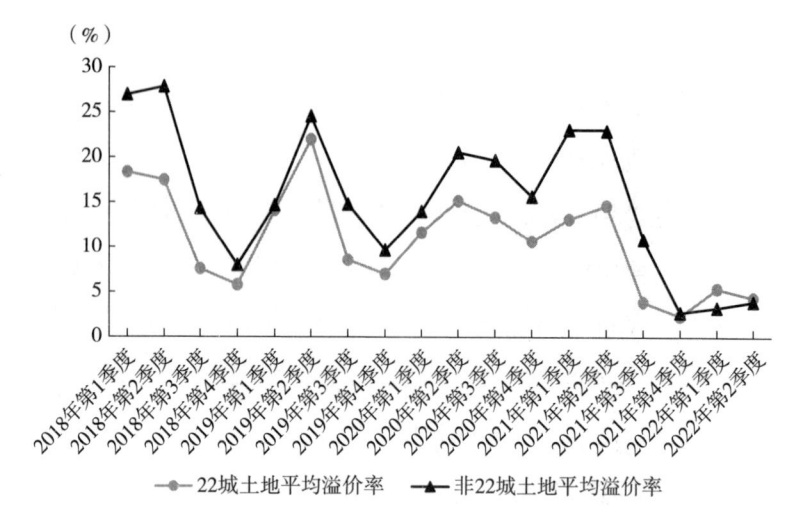

图 4.8 "两集中"试点与非试点城市住宅土地平均溢价率情况

资料来源：CREIS 中指数据。

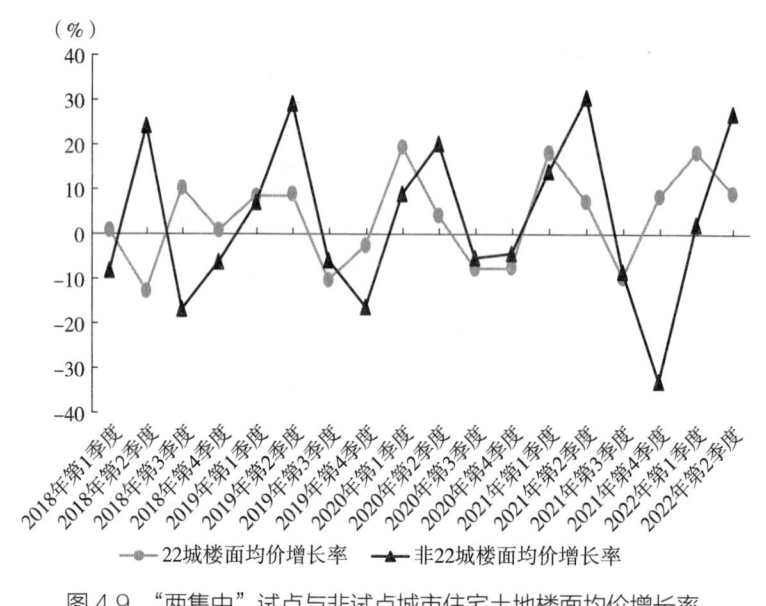

图 4.9 "两集中"试点与非试点城市住宅土地楼面均价增长率

资料来源：CREIS 中指数据。

房地产的逻辑　184

二、土地财政不可持续，但地方依赖度总体攀升

21世纪以来，依靠土地出让形成的"土地财政"和土地抵押形成的"土地金融"方式，我国独特的"以地促发展"模式推动本国经济高速增长。然而，这种发展模式也造成地方经济运行对土地的过度依赖。迈入城市化中后期阶段后，城市土地增量空间日渐趋紧，叠加经济增长回落与房地产市场历史性下行，土地财政收益空间总体收窄、波动较大，"以地促发展"模式的功能不再，效率出现降低。

过去10年，地方政府对土地的依赖呈上升趋势。特别是2016年叫停土地抵押后，地方政府融资难度增大，再度转回卖地发展与招商引资发展的模式。国有土地出让金收入扭转下降趋势，地方土地出让金收入由2016年的3.74万亿元大幅涨至2021年的8.70万亿元，土地出让收入占地方政府性基金收入的比重由88.3%增至92.7%，占地方本级财政收入（一般公共预算收入＋政府性基金收入）的比重由29.9%增至42.5%。

需要注意的是，土地财政不仅是土地出让金，还包括一般公共预算收入中的土地和房地产相关税收。一般公共预算中的土地与房地产相关税收见图4.10。以2021年为例，地方一般公共预算中来自土地和房地产相关税收[①]的收入高达17 515亿元，其中，契税7 428亿元，土地增值税6 896亿元，耕地占用税1 065亿元，

[①] 需要说明的是，契税还包括从存量房屋交易中获得的部分，不完全是从新房销售中获得的。但由于没有进一步的细分数据，此处将全部契税归入"土地财政"，会导致高估土地财政的规模。

城镇土地使用税2 126亿元。加上87 051亿元的土地出让金，土地财政的总盘子实际上达到了104 566亿元。此时，地方政府整体土地财政依赖度由2012年的39.1%增至51.0%。土地出让金及地方土地财政依赖度变动见图4.11。

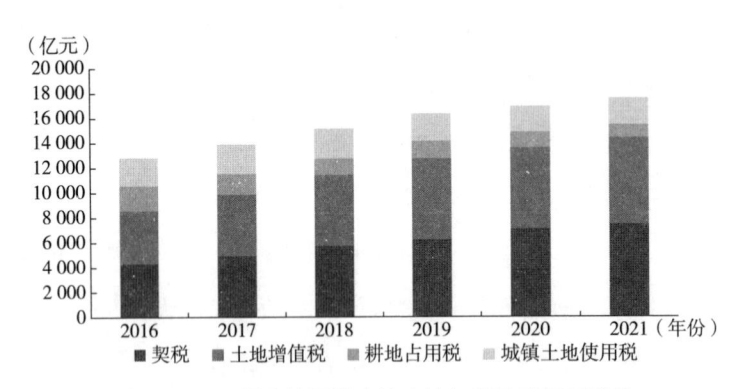

图4.10 一般公共预算中的土地与房地产相关税收

资料来源：财政部，国家统计局。

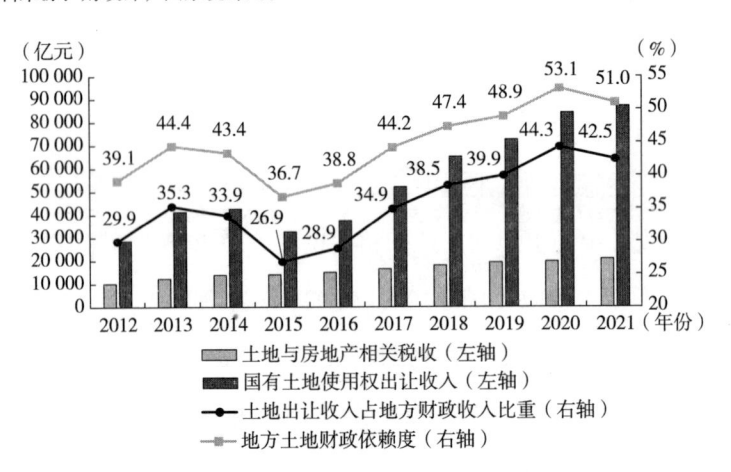

图4.11 土地出让金及地方土地财政依赖度变动

注：地方土地财政依赖度=（地方国有土地使用权出让收入+土地与房地产相关税收）/（地方一般公共预算收入+政府性基金收入）。

资料来源：财政部历年财政支情况统计。

尽管地方政府土地出让收入大幅提高，但成本上升导致政府的土地净收益下降。究其原因，随着土地有偿使用制度的完善、土地市场化水平提高、新增建设用地和存量建设用地趋紧，土地的取得成本持续上升。2008—2015年，征地拆迁补偿支出、土地出让前期开发支出、补助被征地农民支出等成本性支出不断攀升，占土地出让收入的比重从56.09%上升到79.76%（见表4.1）。受此影响，土地出让收益在2010年达到峰值后便快速回落，近几年全国扣掉成本的土地出让净收益仅剩20%左右。中国已告别低价征地的低成本城市化时代，依靠土地出让的财政模式不可持续。

表4.1 2008—2015年土地出让收入与成本构成

项目	2008年	2009年	2010年	2011年	2012年	2013年	2014年	2015年
土地出让收入（亿元）	9 942.10	14 239.7	29 397.98	33 477	28 886.31	41 250	42 940.3	33 657.73
前期土地开发（亿元）	903.38	1 322.46	2 561.15	5 509.98	5 223.3	—	9 206.38	6 533.90
征地拆迁费用（亿元）	3 662.13	4 985.67	10 677	15 040.43	17 401.6	—	21 216.03	17 935.82
对失地农民的补助（亿元）	157.70	194.91	449.66			—		
企业职工安置费用（亿元）	782.41	1 066.48	3 336.63	3 285.98		—	3 529.96	2 374.87
土地出让业务费（亿元）	71.05	86.89	157.45	217.37		—		

续表

项目	2008年	2009年	2010年	2011年	2012年	2013年	2014年	2015年
成本小计（亿元）	5 576.67	7 656.41	17 181.99	24 053.76	22 624.9	—	33 952.37	26 844.59
成本比重（%）	56.09%	53.77%	58.45%	71.85%	78.32%	—	79.07%	79.76%
土地出让收益（亿元）	4 365.43	6 583.29	12 215.99	9 423.24	6 261.41	—	8 987.93	6 813.14
土地出让净收益比重（%）	43.91%	46.23%	41.55%	28.15%	21.68%	—	20.93%	20.24%

资料来源：2008—2010年数据来源于刘守英：《直面中国土地问题》，中国发展出版社，2014年；2011—2015年数据来源于财政部网站公布的全国土地出让收支情况（历年）；2013年成本数据缺失。

2016—2022年第一季度，加上非成本性支出（农业农村、保障性安居工程支出等），2016年、2018年、2019年的土地出让相关支出超过了土地出让收入（见表4.2）。2020年以来，地方政府为应对新冠疫情冲击，加大了土地出让力度，2021年土地出让收入创历史新高，达到87 051亿元，节余也高达9 511亿元。但随着2021年下半年以来的房地产下行日益严重，土地市场也受到严重冲击。2022年第一季度，土地出让收入仅为11 958亿元，同比下降27.4%；而土地出让相关支出高达15 438亿元，收支缺口达3 480亿元。

表4.2 2016—2022年第一季度土地出让收入与土地出让收入相关支出

单位：亿元

时间	土地出让收入	土地出让相关支出	节余
2016年	37 457	38 406	-949
2017年	52 059	51 780	279
2018年	65 096	69 941	-4 845
2019年	72 517	76 096	-3 579
2020年	84 142	76 503	7 639
2021年	87 051	77 540	9 511
2022年第一季度	11 958	15 438	-3 480

资料来源：财政部网站公布的全国财政收支情况（历年），2016年以后财政部不再公布土地出让成本构成数据。

三、土地金融：地方债务风险日益凸显

与土地财政相关联并极度放大土地财政融资规模的，是近年来所谓的土地金融，即地方政府以土地财政为支撑，尤其是以未出让土地（主要是潜在商、住用地）为抵押，搭建地方政府投融资平台筹集资金，为城镇化建设融资。

土地抵押贷款为地方融资平台公司运营、开发区的基础设施投入、开发园区发展等发挥了重要作用，甚至房地产企业也从经营性土地抵押中获得了开发所需的资金。贷款的偿还除了依靠项目本身产生的收益（基础设施等公益性项目的收益很低），主要是希望通过开发区招商引资，带动当地工业、商业的发展，由未

来土地相关税收和土地增值来买单。图 4.12 描述了这种"时间换空间"的融资方式。①

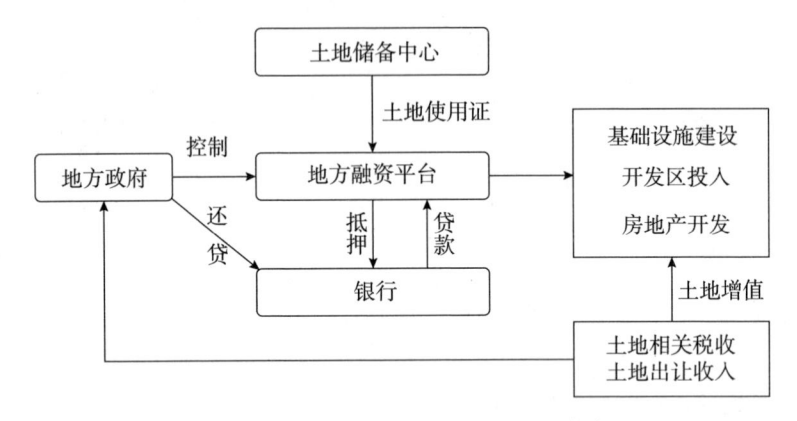

图 4.12　地方融资平台土地抵押与融资流程

从 2008 年起，为应对全球金融危机，中央政府放宽土地抵押融资，各级地方政府纷纷成立投融资平台。2008—2015 年，全国 84 个重点城市土地抵押贷款金额迅速提升，由 1.82 万亿元猛增至 11.3 万亿元，年均增长 23.47%。② 伴随土地金融模式的规模不断扩张，当前已形成较为严峻的债务风险和偿债压力。

一是地方政府隐性债务规模不断扩张。土地抵押贷款的偿还主要依靠土地出让收入，而土地的未来收入具有不确定性，因此当土地市场价格出现低迷，高度依赖土地出让和土地抵押的发展方式便积累了巨大的金融风险。我国于 2016 年初叫停土地抵押，

---

① 参见王瑞民等：《中国地方财政体制演变的逻辑与转型》，《国际经济评论》，2016 年第 2 期。

② 参见刘守英等：《土地制度与中国发展模式》，《中国工业经济》，2022 年第 1 期。

近年来通过制止地方政府违法违规举债的"堵后门",以及允许地方发行土地专项债券的"开前门"政策举措,一定程度上有效防范了地方政府的债务风险。然而,地方政府债务依赖普遍较高,惯性仍在。2016—2020 年,地方政府债务余额从 15.36 万亿元增长到 25.66 万亿元,年均增长 16.76%。城投债发行规模急剧增加,由 2017 年的不足 2 万亿元增至 2020 年的 4.5 万亿元(见图 4.13)。

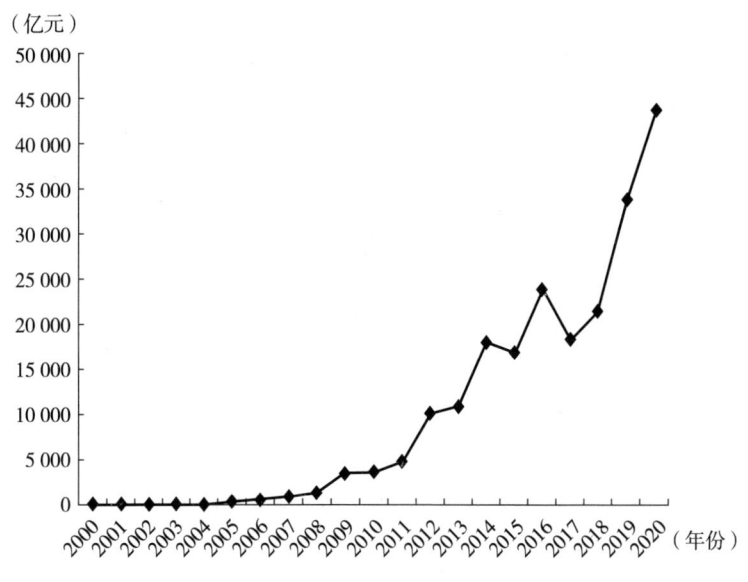

图 4.13 2000—2020 年地方政府城投债规模变动

2014—2018 年地方政府显性、隐性债务规模及增速见图 4.14。相关研究测算,2014 年以来,地方政府隐性债务年均增速高达 59.06%,截至 2018 年底已达 51.53 万亿元,是显性债务的 2.8 倍。其中,平台公司银行贷款、城投债和非标融资规模最大,分别为 22 万亿元、14.5 万亿元和 8.16 万亿元，三者约占到隐性债务的 86.7%。按照加权债务成本计算，如此庞大的隐性债务未来 5 年内利息支出将接近 20 万亿元，仅付息就已超过目前显性债务余额。①

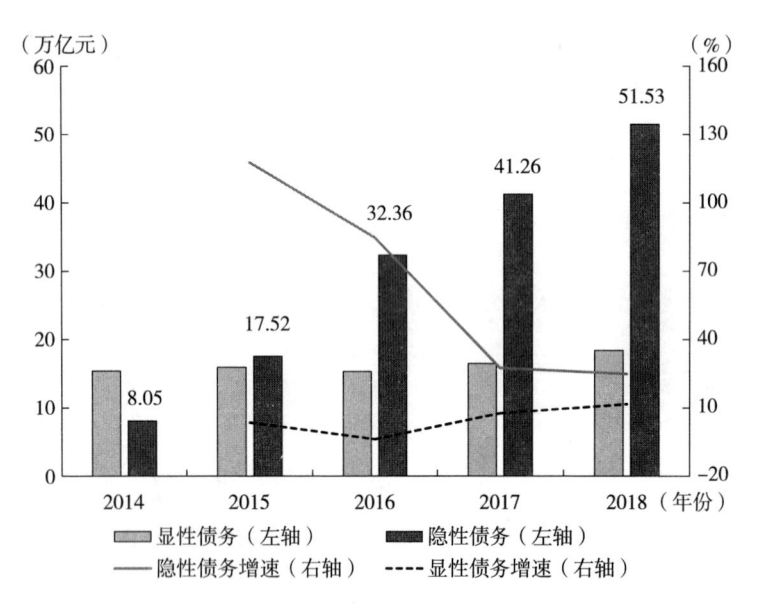

图 4.14　2014—2018 年地方政府显性、隐性债务规模及增速

二是地方政府偿债风险加剧，非标债券违约增多。随着城投债和地方债到期规模逐步扩大，从 2020 年开始明显进入兑付高峰期。地方债到期规模从 2018 年的 8 279 亿元飙升至 2021 年的 26 680 亿元，城投债到期规模从 2018 年的 18 280 亿元上升到 2021 年的 29 503 亿元。

---

① 参见中国宏观经济研究院课题报告。

近年来，经济增长回落、新冠疫情的不确定性以及房地产市场的历史性下行，导致土地市场需求疲软，城市政府土地收益空间不断收窄。大量土地流拍可能影响地方政府的财政收入，进而引发地方政府债务风险和一级开发平台机构债务风险。地方国企和城投平台非标债券违约增多，2018—2020年，城投非标违约事件已发生90余次。

此外，在土地金融化与房地产金融化的相互影响下，地方政府和开发商面临的金融风险也日益严重。在土地金融化的推动下，不断上涨的城市房价带来居民高资产、高负债，企业高杠杆等问题。近年来，我国政府高度重视防范与化解房地产市场风险，不断深化金融审慎管理制度改革。

当房地产金融化、泡沫化倾向严重时，有关部门就要对杠杆率[1]进行控制，高杠杆推升的房地产泡沫化循环将出现阻断甚至倒转。居民部门的支付能力因去杠杆回落，房价便随之回落，高杠杆的房企因融资收紧与销售回落出现流动性风险，拿地意愿显著降低，导致地方政府土地出让金和房地产相关税收下降，地方政府债务还本付息压力加大（去杠杆刺破房地产泡沫的机理见图4.15），且上述下行过程具有自我强化的机制。

---

[1] 2021年，中国宏观杠杆率下降7.7个百分点，详见《2021年第四季度中国货币政策执行报告》。

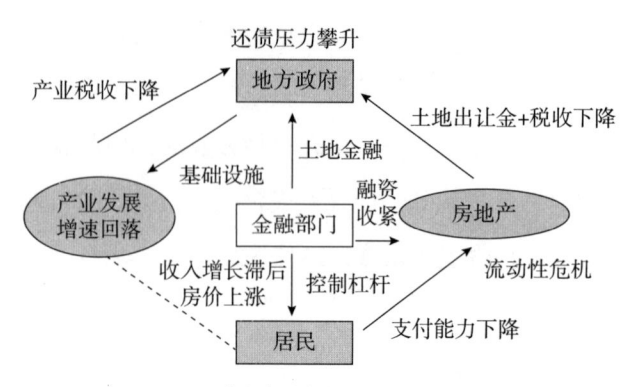

图4.15 去杠杆刺破房地产泡沫的机理

传统模式下,房价长期稳定增长的预期强化了开发商的土地储备行为,因为土地储备增加几乎就意味着未来盈利增加。因此,大量房地产企业奉行"高周转"的商业模式进行土地储备。[①]然而,随着"三道红线"对非绿档房企的融资不断收紧,[②]以及土地和住房市场不景气带来房企土地储备变现困难,引发企业信用风险的连锁反应。研究显示,在2020年销售额超过2 000亿元的19家房企中,非绿档房企共11家,合并总资产负债率为83.6%。这11家非绿档房企土地储备规模约6.2万亿元,占资产构成的54%。债务压力和存量资产贬值风险使房企出现拖欠施工

[①] 参见刘子博:《土地金融还能支撑城投发展吗》,财新网。

[②] "三道红线"分别指剔除预收款后的资产负债率大于"两集中"70%、净负债率大于"两集中"100%、现金短债比小于"两集中"1倍。"三线"均超出"两集中"的为"红档","二线"超出的为"橙档","一线"超出的为"黄档","三线"均未超出的为"绿档"。红档房企有息负债不得新增,橙档"两集中"有息负债年增速不得超过"两集中"的5%,黄档不得超过"两集中"的10%,绿档不得超过"两集中"的15%。

款项的状况，施工停滞进一步带来"烂尾楼"风险，[①] 严重阻碍了房地产市场的健康发展。

四、大城市流动人口居住权利难保障

中国城镇化模式的战略中心为发展中小城市，严格控制大城市，尤其是特大城市规模，但人口流动依然展现出向主要大中城市流动的倾向。因此，土地供给并未与人口流动方向保持一致，出现住宅用地与人口流动方向空间错配的情况。

从图4.16的主要城市流动人口及住宅用地变动情况可以看出，2010—2020年，城市住宅用地变动与流动人口变动比值在主要大中城市中出现分化。按照2020年城市流动人口规模[②]从高到低排序，人口流入多的城市在过去10年中住宅用地变动与人口增量的比值反而更低。此外，不同城市供地与人口流入情况呈现严重倒挂。例如，深圳2010—2020年常住人口增长726万人，而住宅用地规模仅增加13.5平方千米，新增常住人口人均住宅用地增加规模仅为1.86平方米。相较而言，哈尔滨这一时期常住人口下降62.6万人，但住宅用地规模反而增长约36平方千米。尽管人口净流入的大城市住宅用地增长偏低可能是受盘活存量土地

---

① 参见丁安华：《房地产风险：宏观测度及传导机制》，招商银行研究院，2021年。
② 流动人口规模 = 常住人口 – 户籍人口。

的影响，但当前盘活存量土地占土地供应的比重有限，[①] 因此土地空间错配现象仍较为严重。

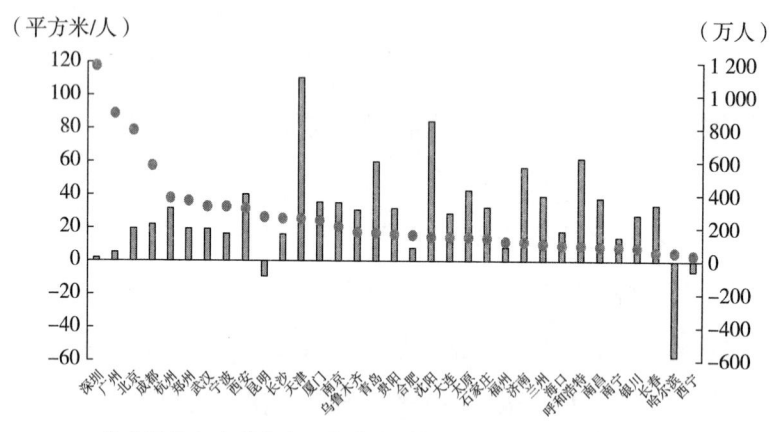

图 4.16　2010—2020 年主要城市流动人口及住宅用地变动情况
资料来源：Wind，国信房地产信息网。

由此产生的结果是，在流动人口规模较大的城市，住宅用地供给有限造成人口城市化无法解决非户籍人口的居住问题，尤其是农民工的居住权利难以得到保障。一方面，农民工相对较低的工资和社保水平使其难以承受城市地区特别是大城市高昂的住房成本；另一方面，农民工难以享受城镇的住房保障福利。国家统计局《2018年农民工监测调查报告》显示，进城农民工中仅有 2.8% 享受保障

---

① 例如，深圳 2022 年度全市计划供应建设用地 1 200 公顷，其中更新整备供应建设用地 214 公顷（含旧住宅区改造供应居住用地 19 公顷），占比 17.8%。石家庄 2022 年规划供应建设用地 1 257.29 公顷，其中存量建设用地 332.57 公顷，占总供应量的 26.45%。

性住房，其中61.3%为租赁公租房（见图4.17）。此外，以廉租房、公租房为代表的保障性住房土地供给和占比自2015年后快速下降，进一步降低了弱势群体在城市生存发展的可能性（见图4.18）。

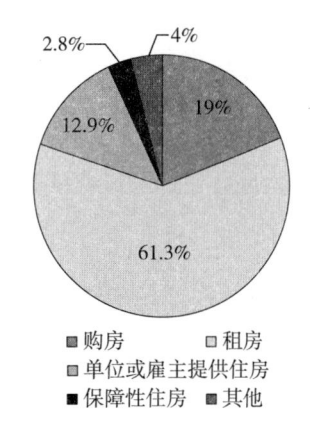

图4.17　2018年进城农民工住房类型

资料来源：国家统计局，《2018年农民工监测调查报告》。

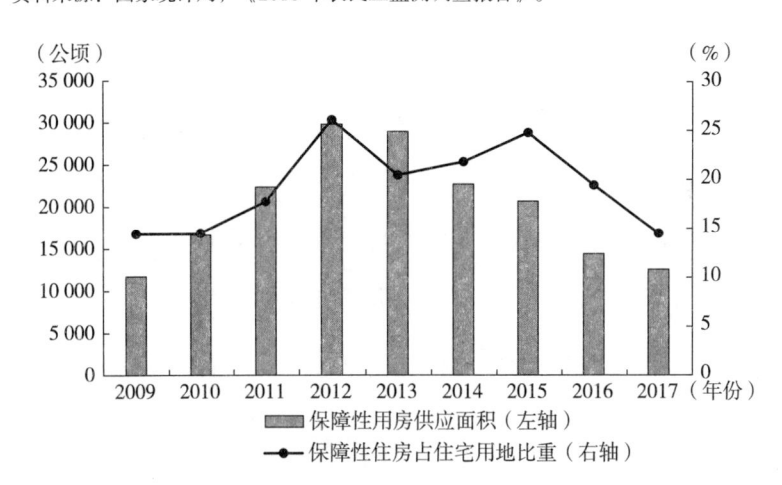

图4.18　2009—2017年保障性住房用地规模及占比

注：保障性住房供应为经济适用房、廉租房、公共租赁住房供应面积总和。
资料来源：历年《城市建设统计年鉴》。

五、农村人口流出地宅基地结构失衡

农村住宅土地的结构和使用在不同地区表现出不同的特征，从而引发了不同的问题。在人口流出地主要表现为宅基地闲置和财产功能残缺的问题，在人口流入地则表现为突出的人地矛盾和私下交易等问题。

随着工业化城镇化进程的加快，农民与土地的黏度出现松动，农民与村庄的关系出现分化，中国实现从"乡土中国"向"城乡中国"的历史转型。[1]农民的大量出村，凸显了传统宅基地制度的不适应性，宅基地的超占、闲置与私下交易问题日益严重。

一是一户多宅。2000—2016年，我国农村常住人口由8.08亿人减少至5.89亿人，减少了27.1%，但同期农村宅基地面积反而由2.47亿亩扩大为2.98亿亩，增加了20.6%。[2]根据中国人民大学2018年"千人百村"的调查数据（见表4.3），在9 585户调查农户中，12.03%的农户没有宅基地，73.71%拥有1块宅基地，12.27%拥有2块宅基地，1.99%拥有3块及以上宅基地。[3]这些情况既反映出一户一宅政策被突破，也显示出当前农村存在一定比例农户没有宅基地的情况。

---

[1] 参见刘守英、王一鸽：《从乡土中国到城乡中国》，《管理世界》，2018年第10期。
[2] 参见秦志伟：《宅基地改革将进入破冰期》，《中国科学报》，2018年6月6日。
[3] 参见张清勇等：《农村宅基地制度：变迁、绩效与改革——基于权利开放与封闭的视角》，《农业经济问题》，2021年第4期。

表4.3　2018年"千人百村"调查农户拥有宅基地块数

宅基地块数（块）	频数（次）	占比（%）
0	1 153	12.03
1	7 065	73.71
2	1 175	12.27
3	149	1.55
4	30	0.31
>4	13	0.13

二是宅基地闲置。由于宅基地占用无偿、退出无补偿，农民宅基地转让后即失去宅基地权利，于是农民宁可将宅基地闲置。截至2017年底，全国农村宅基地约1.7亿亩，占3.1亿亩农村集体建设用地的55%~56%，农村居民点空闲和闲置用地面积约3 000万亩。[①] 根据笔者在四川泸县的调研数据，2012—2014年泸县宅基地闲置率一直在4%左右，2015年突然增长至6.81%，2016年降至4.14%，2017年全县闲置宅基地2.75万户，占农村总户数的10%，面积0.15万公顷，宅基地低效闲置问题十分严重。

三是宅基地私下交易。一些举家进城的农户，或有闲置、超占宅基地的农户，将宅基地私下出租或者出让给需要用宅基地的农户或经营者。中国人民大学2018年"千人百村"调查的全国265个行政村中，12.83%的行政村出现了宅基地买卖情况，买卖数量在1~10块宅基地的行政村占9.81%，在11~100块的村庄占

---

① 参见张晓山：《解读2018年中央一号文件：如何推进乡村发展战略？》，人民网，2018年。

2.64%。[1]而笔者在四川泸县的调研显示，泸县户均农房租赁收入在 2000—2016 年年均增长 15.63%。2016 年，泸县户均农房租赁收入占泸县农户财产性收入的比重约为 25%。

六、城中村和城乡接合部人地矛盾突出，社会问题滋生

随着外地农民工不断涌向沿海地区和发达城市，我国流动人口规模不断提升。全国城市非户籍人口从 2000 年的 22 885.27 万人增加到 2021 年的 25 462.26 万人，当前常住人口城镇化率高出户籍人口城镇化率 18.02 个百分点。外地农民工难以真正融入城市并在城市安定下来，流动人口的居住问题由中国城市化的另一轨道——农民自动自发城市化来解决。这是一种发生在人口高度密集、生活和生存环境不断恶化的城乡接合部或城中村的自发城市化。划入城市圈的城乡接合部原住农民以剩余土地（包括宅基地、原集体经营性建设用地和公益性用地）"种房"出租，分享城市化带来的级差收益。同时，本地农民和农村集体组织为外地农民工提供居住和公共服务。

20 世纪 80 年代，北京市外来流动人口规模仅 20 万左右，到 2007 年末居住半年以上的外来人口达 420 万人，比 30 年前净增 400 万人，占人口增量的 52%。而从近年披露的数据来看，

---

[1] 参见张清勇等：《农村宅基地制度：变迁、绩效与改革——基于权利开放与封闭的视角》，《农业经济问题》，2021 年第 4 期。

北京市流动人口已超过700万人，且以每年约40万人的速度增长。近年来，北京城中村有1 673个，城中村面积达190平方千米，北京市城乡接合部地区栖居的流动人口占全市流动人口总量的52.63%。

其他主要大中城市也存在类似的情况。例如，广州有城中村304个，面积达266.48平方千米，流动人口500万人；深圳有城中村320个，面积达390平方千米，城中村内原住民595万人，流动人口1 200万人；武汉有城中村162个，面积达213.82平方千米，流动人口142万人；昆明有城中村382个，流动人口198万人（见表4.4）。

表4.4 主要城市城中村基本情况

城市	城中村个数（个）	城中村面积（平方千米）	城中村内原住民（万人）	全市流动人口（万人）
北京	1 673	190	92*	704
广州	304	266.48	98.25	500
深圳	320	390	595	1 200
天津	66	8	21	380
武汉	162	213.82	35.66	142
昆明	382	40	60	198
郑州	124**	70	30	340
太原	173***	214.7	46.24	108
西安	326	144	46	144

注：
* 来源于冯晓英：《论北京"城中村"改造——兼述流动人口聚居区合作治理》，《人口研究》，2010年6期。
** 来源于共228个自然村。
*** 来源于武巧珍、兰灵皙：《太原市"城中村"改造问题的思考》，《现代经济信息》，2014年第17期。

第四章 土地供应：中国住房土地供应制度的演进、挑战与改革城乡接合部和城中村的存在，为本地农民增加收入、以房租分享城市化带来的级差收益提供了机会，为外地人口以低房租成本和生活成本在城市谋生提供了方便，也解决了城市对不同层次产业工人、服务业者的需要。然而，城乡接合部和城中村的自我无序蔓延，不仅冲击了宅基地制度和集体建设用地制度，而且带来大量社会问题，滋生越来越严重的"城市病"。

一是人口资源环境矛盾加剧。北京城乡接合部的大多数村庄都存在严重的人口倒挂现象，本地人口与外地人口之比为1∶1.2。流动人口过万人以上的街道乡镇共有70个，流动人口数量超过户籍人口的社区（村）有667个。广州市2010年启动的44平方千米9个城中村[①]"三旧"改造统计显示，9个城中村的户籍人口为42 618人，外来人口达67 209人，外来人口与本地人口的比例为1.58∶1。

二是无偿取得和成员权分配难以维持。随着城镇建设用地的紧张和农村宅基地价值显化，东部沿海发达地区早在20世纪90年代中后期就难以实施无偿分配。宅基地财产价值逐渐显化后，集体成员出现通过出租或转让宅基地实现财产价值的需求，非集体成员也迫于城市高房价压力等原因纷纷租入或变相购买农民宅基地（房）。

三是违法违规建设严重，城市化成本上升。农民为获得更多补偿，一般采取多增加地上附着物的办法，导致征地拆迁前的乱

---

① 9个城中村分别是：琶洲、猎德、冼村、林和、杨箕、小新塘、棠下、萧岗、三元里。

搭乱建、抢栽抢种现象非常严重。例如，广州实施改造的 6 个城中村的建筑情况（见表 4.5）统计显示，这 6 个村共盖各类建筑 1 486 503 平方米，其中有证的建筑为 1 284 373 平方米，无证的建筑有 202 130 平方米。

表 4.5　广州 6 个城中村的建筑情况

单位：平方米

序号	村名	有证 小计	有证 村民	有证 集体	无证 小计	无证 村民	无证 集体	合计
1	杨箕村	327 169	281 609	45 560	52 630	52 630	0	379 799
2	登峰村	304 000	110 000	194 000	90 000	68 000	22 000	394 000
3	西坑村	372 804	317 310	55 494	30 000	30 000	0	402 804
4	瑶台村	92 400	92 400	0	9 000	9 000	0	101 400
5	寺右村	68 000	62 000	6 000	500	500	0	68 500
6	农林村	120 000	20 000	100 000	20 000	11 000	9 000	140 000
	合计	1 284 373	883 319	401 054	202 130	171 130	31 000	1 486 503

资料来源：笔者调查。

四是社会问题凸显并呈加剧态势。由于基础设施建设落后，环境承载力超负荷，城乡接合部地区环境卫生状况差，垃圾遍地、污水横流现象随处可见，用水不足和上厕所难问题突出。交通秩序差，部分区域黑车运营情况突出，交通拥堵严重，交通安全隐患较大。教育、医疗等基础设施也严重不足。尤其是治安隐患严重，这些区域刑事、治安案件频发，人员构成复杂且更迭频繁，有些地区还形成一定的区域势力，引发群体性事件。例如，北京 70% 的治安、刑事案件发生在城乡接合部地区。

第三节 新模式下住宅土地制度的改革

现有的房地产发展模式源于金融化推升的"以地促发展"模式。因此，破题的关键仍然在于土地。如果说当前的发展模式是偏紧的土地供应与偏松的金融政策作用的结果，那么改革的方向则是通过更加多元的土地供应增加供给对需求的响应弹性，通过打破土地供应的垄断来降低地价在房价中的偏高占比，为居住产品的"高质量"留出合理的利润空间。笔者认为，一方面可以通过城市存量土地的供应效率提升，特别是盘活存量工业用地，来增加城市住宅用地供给；另一方面则应允许集体建设用地渐进式进入城市住宅用地市场，促进城市住宅土地供应的多元化，并通过先租后售的制度安排，更好地保障新市民的居住权利，逐步构建城乡统一的住宅用地市场，推动土地财政的转型。与此同时，城乡接合部的小产权房、土地续期等长期悬置的问题，也有必要进一步明确。

一、盘活低效工业用地：增加城市住宅用地供应并有效化解地方债务

我国的城市发展已经从增量扩张转向存量提质的阶段。在

20世纪90年代以来的地区招商引资竞争中，各地争相供应廉价甚至负地价的工业用地，价格机制未在工业用地配置中发挥应有的作用，导致我国绝大部分地区城市范围内的工业用地，尤其是工业园区与工业开发区用地效率低下。工业用地成为城市土地中市场化程度最低的部分。推动城市工业用地和开发区重整，同时腾出空余土地逐渐转化为商、住用地，不仅可以增加住宅用地供给、逐步化解现有城市房地产泡沫，而且可以为地方政府筹集数额可观的土地出让金和各类房地产开发税收，并用于地方建设融资和巨额存量债务偿还。

对于利用效率较低的工业用地，可以考虑采取包括征收空地闲置税、政府与厂商合作开发等手段，推动政府与原工业用地者重新谈判。比如，政府可以直接投资或引导投资者选择开发区的合适地段兴建多层厂房，让既有工业用地者实现无成本转移，这样既有工业区面积就可以大幅缩小。然后，政府就可以运用规划手段，将节约土地分年转化为商、住用地并收取出让金。从一些发达地区的情况来看，许多工业用地也在悄悄改变用途，以工业厂房名义实质行使办公及总部基地等用途。部分制造业企业也正在积极和政府沟通，试图盘活企业闲置存量用地，进行商业、住宅业开发。

在实际操作中，地方政府须和原土地权利人进行充分谈判，在分享收益的前提下实现上述用地结构调整。为此，中央则需要在关于商、住用地必须招拍挂出让的政策上进行相应调整，允许地方政府与原土地权利人（已获得低价工业用地的制造业投资者）建立一个合理的收益分配谈判机制。其中一种思路是，地方政府可能在给原制造业企业留用一定比例商、住用地后，再根据规划统一变更宗地性质，之后把政府所获的土地通过招拍挂等公开出让方式推向市场。另一种思路是，地方政府考虑以一定溢价将闲置工业用地或者低效率利用的工业用地收回，再由土地储备中心统一收储，然后招拍挂出让。

二、土地续期：土地使用权到期后的制度安排

住宅用地使用权到期后，政府如果以所有权名义收回土地使用权，并按价高者得的原则将土地使用权再次出售，其结果无异于一场宅地革命，将引起公民对产权制度保护的不信任，导致恐慌。我们认为，土地使用权续期的关键是，在权衡改革成本收益的情况下，形成全社会的广泛共识。一方面要坚定不移地以保护住宅产权人的财产权为核心，稳定民心，保证治理有序。对土地使用者来说，土地的赋权已经很充分，住宅用地使用权人对产权的强度已经很大，他们对产权的认知、权利保护的意识都非常强，实行到期续期是基本制度安排。另一方面又要注重与现行制度的衔接，即有偿有期限，在保护住宅产权人完整财产权的基础上，在续期时，象征性一次性收取土地所有权租金，以实现住宅用地使用权续期的平稳有序。

需要说明的是，到了土地续期时间窗口，我国的城市化进程

已经进入成熟阶段，政府不需要靠收取一次性土地出让金来进行大规模的城市建设，那时要解决的主要问题是城市的维护与治理，城市土地问题主要是解决城市更新中土地增值收益的分享。在考虑土地续期时，必须将此作为改革现行土地供应模式和寻找土地增值收益公平分配制度的契机。对于到期土地，绝不能延续现行土地出让模式，再收取一次性土地出让金，但也不能让住宅产权人独享土地增值，应该采取征收不动产税的方式，一方面解决土地增值收益的公平分配问题，另一方面解决城市政府治理中的税收来源问题。

三、先租后售：新市民的住房权利保障

我国住房发展已进入总量平衡阶段，多数人的住房通过市场得到了解决，但人口净流入的大城市仍然存在较为严重的缺口，特别是新市民、青年人的住房问题比较突出。可以通过政府引导市场发展租赁住房，并通过先租后售的制度安排为建设方提供有效激励，缓解大城市新市民、青年人的住房困难问题。

对于租赁住房而言，最重要的永远是位置。尤其是对于人口大量涌入的特大城市，租赁住房比自有住房对位置的要求更高，往往在远处买了房的人仍愿意到工作地附近租房以缓解通勤之痛。当前的集体建设用地建设租赁试点，位置偏远成为利益平衡难、配套压力大等一系列问题的根源。因此，笔者建议在未来集

体土地租赁房建设中，应优先选择区位好的城中村和城郊村，可将城中村、城郊村改造与租赁住房建设联动改革。

一是充分发挥市场主体的积极作用，政府通过适当的补贴机制引导市场。作为新市民、青年人低成本的居住解决方案，租赁房开发、建设、运营中，均需要充分发挥市场主体的积极作用，政府主要为其提供必要的补贴与政策支持、引导，使租赁房建设可持续、租金可支付，而非大包大揽。

二是在城中村、城郊村探索先租后售，并做好租金监测。可创造性地在城中村、城郊村运用先租后售模式，让城中村、城郊村原住民在符合规划和安全标准的前提下，为新市民、青年人新建或将存量出租房改建为租赁房，可通过区段征收[①]、市地重划[②]的方式出让部分土地以获得资金，平衡基础设施和房屋建造成本，实现新市民、青年人租有宜居；租住15~20年后，可转为商品房销售，最终实现新市民、青年人"居者有其屋"。在此期间，做好租金监测，确保租金始终在新市民、青年人可支付的范围内，避免租金过快上涨影响租住稳定性和新市民、青年人的获得感。

三是在成本可承受的前提下完善租赁房的品质标准。在成本可承受的前提下，建议适当提高租赁房建造品质，避免其成为低品质住房的代名词而引发社会歧视；在缓解新市民、青年人群体

---

① 参见刘守英、王瑞民：《我国台湾地区的两种土地征收与借鉴》，《国务院发展研究中心调查研究报告》第34号，2015年。
② 参见刘守英、王瑞民：《我国台湾地区市地重划的做法与借鉴》，《国务院发展研究中心调查研究报告》第33号，2015年。

住房困难问题的同时，促进其融入社会。

四、人地联动：以集体建设用地渐进式进入住宅市场推动城乡统一的住宅用地市场建设

土地供应的稳定是住房供应稳定的基础，可预期的土地供应将在供应端减少房地产市场的波动。人地联动，本质上要求地随人走，提高住宅土地供应的市场化程度。我们认为，推动建设城乡统一的住宅用地市场，需要推动当前二元住宅用地市场的一元化并轨。继续缩小征地范围、明确限定公益用途。加快宅基地的"三权"分置改革，在此基础上赋予农民对农地、宅基地的永久使用权，渐进式推动这些永久使用权的全面市场化。推动集体建设用地渐进式进入住宅市场。为保障改革的平稳进行，可分为两个阶段实施。第一阶段（2022—2025年）是过渡阶段，即目前已经开展的集体土地进入租赁住房市场，扩大试点范围，探索有效的利益平衡机制；第二阶段（2026—2035年）是集体土地在符合规划与用途管制的前提下，进入商住用地市场，真正形成商住用地的多元供给体系。

五、"小产权房"：补缴税费与公益用地后逐步赋予大产权

对于集体土地进入住宅用地市场，虽然政府政策一直持限制

性态度，但集体建设用地入市，包括进入商住用地市场，在中国不少地区的发展现实中早就被村集体和农民突破了，产生了大量公共设施配套不足，但能够解决流动人口基本居住问题的"小产权房"。

探索一种既能促进城中村基础设施与公共服务改善，又能保留城中村对流动人口容纳能力的改造模式，从中形成政府、原土地权利人、外来人口乃至开发商多方谈判平台，建立一个利益均衡分享的机制就具有重大意义。

需要指出，正因为小产权房地段基础设施建设水平低下，公共服务不足，加上没有合法产权，其价格比相邻地段的国有土地和大产权房要低得多。而这一价差就正好构成了城中村、城郊村可改造好的一个非常有利的初始条件。因此，实现这些地段的改造，未必需要政府过多投入，更重要的恰恰是政府通过土地制度供应体制的改革来调动各方的积极性。

未来可以考虑的做法是，鼓励这些不需拆除重建的地段，通过自行改造或公私合作改造逐步降低建设密度，完善基础设施，同时在补缴部分土地出让金、缴纳部分公益事业与基础设施用地的条件下，也可以逐步赋予大产权。

而对于那些村民和开发商直接合作并以商品房方式出售的"小产权房"，其中一些地段本身的基础设施条件并不差，完全可以通过补缴部分税费和公益事业用地后直接转正，政府也就可以利用收缴的税费和公益事业用地来为完善公共服务提供和进一步的基础设施升级进行融资。

一方面，这种方式可以避免被改造地段在改造后出现所谓"绅士化"现象（即改造后这些地段变成中高档商业或住宅区，流动人口只好到更远的城中村、城郊村聚集的情况）。绝大部分地段在短期乃至中期内只需要进行功能改变和综合整治，因此仍然可以继续作为外来人口的居住场所。另一方面，这样的渐进改造方式不仅不会对既有正规房地产市场形成巨大冲击，还可以抑制正规商品房市场价格的虚高和泡沫化现象，甚至可以平缓地化解正规商品房市场存在的泡沫。这里的关键，就是城中村改造更新与达标都需要一定的时间，其进度甚至在很大程度上可以被政府控制。因此，可以让存量小产权房和城中村地段在逐步更新升级后慢慢地释放到城市正规房地产市场中，在此过程中逐步提升自身的基础设施与建设品质。这些改造地段还可以为政府提供相关税费和免费的公用土地，从而在实现改造过程中自我融资的同时，也不会对正规房地产市场造成过大冲击。

一旦功能改变与综合整治的地段经过一段出租年限、符合一定改造标准并缴纳相关土地和税费之后，政府就完全可以考虑认可相应的大产权，最终为外来人口提供物美价廉的购住房房源，为彻底扭转城市的房地产市场二元化奠定基础。

六、土地财政：渐进式转型

从短期来看，房产税将对土地财政产生较大冲击，尚不具备全面开征条件。当城市发展从增量扩张转向存量提质升级后，地方财源也需从凭借增量的"卖地"收入逐步转为依托存量的房地产税。但从当前的实际情况来看，大规模征收房产税必须考虑对地方政府土地出让金的影响。受经济增速回落和房地产行业历史性下行的影响，土地需求已开始由强转弱，如果此时全面征收房产税，将直接影响居民对房价的预期，甚至有可能快速刺破部分城市的高房价泡沫。在财政刚性支出和偿债负担面前，相较于税率通常为 0.4%~0.6%[①]、需要划定免征范围且征收成本相对较高的房产税，保住土地出让金显然是多数地方政府短期内的现实选择。2022 年以来，部分城市房价下跌后随即出台"限跌令"，这也从侧面反映出，房价下跌特别是短期内剧烈下跌，是地方政府不可承受之重。

从中长期来看，集体建设用地进入市场对土地财政冲击有限，是土地财政渐进式转型的可选路径。集体建设用地进入商住用地市场，能够改变地方政府作为城市单一商住用地供给主体的局面，从而推动土地财政的变革。尽管集体土地进入商住用地市场后，会对土地财政造成一定程度的冲击，但短期内对地方实际可用财力影响不大。这是因为，集体建设用地进入市场，本质上是对土地财政的净收益不断收窄、土地出让收入相关支出超过土地出让收入的回应。考虑到土地市场的区域差异，除少数特大城市外，垄断土地一级市场不再能够获取超额"利润"，通过在部

[①] 发达经济体房地产税率通常为评估值的 0.3%~3%。我国已经开展个人房产税试点的上海和重庆普通住房的税率在 0.4%~0.6%。

分地区试点放权于集体建设用地所有权人,可以有效降低部分地区土地财政收支倒挂的压力。

考虑到土地要素成本的下降,集体建设用地入市还将有利于地方一般公共预算收入增加。集体土地所有权人通过出让、出租等多元方式供应非农建设用地,能够为土地所有权人提供长期的稳定收益,降低土地使用权人的用地成本,尤其是商业用地不再需要一次性缴纳高额土地出让金,实体经济的土地要素成本大大降低。城市存量建设用地市场与集体建设用地市场的土地要素价格最终将实现渐进式并轨,土地要素的市场化释放出的增长活力,将促进地方一般公共预算收入的增长。

综合来看,短期内可以在土地财政净收益为负的地区,率先试点集体建设用地进入商住用地市场,通过土地要素的渐进式市场化有效降低其使用成本,带动新一轮增长;当集体建设用地市场与存量建设用地市场的土地要素价格实现渐进式并轨后,稳妥推进房地产税的试点乃至全面征收,实现地方政府收入来源的平稳衔接与转换。

第五章

未来模式：中国住房新发展模式的内涵、框架与路径

改革开放以前，我国住房体系属于计划经济的一部分，采取严格的城乡二元分割体制，城市分房、农村分地，并不存在标准意义上的住房市场。改革开放以后，我国住房市场从城市破冰，于1998年正式启动住房商品化重大改革。此后，房地产业迎来迅猛发展，短短20多年间不仅解决了全国住房总量严重不足的问题，有力支撑了世界上规模最大、速度最快的城镇化进程，也充分发挥了国民经济支柱产业的重要作用，持续拉动经济增长、支撑地方财政、扩张金融信用，为我国经济腾飞立下了汗马功劳。然而，随着经济社会发展阶段换挡升级，房地产旧发展模式的动能逐步衰减，抬升住房压力、集聚金融风险、扭曲资源配置、抑制创新升级等一系列衍生问题越发突出。2021年以来，我国大型房企出险、楼盘交付不及预期以致经济增长放缓等房地产次生风险挑战层出不穷。在我国推进高质量发展和共同富裕的背景下，旧发展模式难以为继，亟待转型变革。

在新发展阶段，住房新发展模式旨在回答住房发展为了谁、发展什么，以及如何发展等根本性问题，其基本内涵、实现路径与重点改革内容正是本章将探讨的内容。

第一节　中国传统住房发展模式存在的问题

房地产业不仅是实现"住有所居"的民生产业，同时由于产业规模大、链条长、涉及面广，也对国民经济发挥着举足轻重的作用。我国房地产业发展肇始于改革开放初期城镇人均建筑面积只有6.7平方米的窘境之下。经过20年的探索，"98房改"定位于"新的经济增长点"，2003年正式确立为"国民经济的支柱产业"，房地产业一路高歌猛进，并在21世纪头20年，持续为我国波澜壮阔的城镇化进程和经济腾飞奇迹做出巨大贡献。总体来看，房地产业发展在满足住房需求、拉动经济增长、支撑地方财政、扩张金融信用等方面的作用得到各方公认。

综合考虑当前我国城镇化进程、人口老龄化趋势以及经济社会发展阶段等因素，房地产业传统投入产出模式无法持续，正面推动作用锐减。而旧模式以满足经济、财政等方面的"增长"，特别是"数量型增长"为优先导向,内含前提是房价长期单边大幅上涨,房地产逐步走向过度商品化、金融化和泡沫化,在难以兼顾增长质量和公平正义的背后,一系列问题日益突出,特别表现在:一是大中城市房价收入比远超国际通常水平,以新市民为代表,人民住房压力较大;二是房地产联结企业、居民、政府和金融机构,无论是行业自身还是连带财政、金融、社会、民生等领域,风险集聚已经推动房地产成为我国经济社会中最大的"灰犀牛";三是房价地价高涨带动土地生产要素在社会中分配占比过高,进一步扭曲了社会激励机制,抑制其他领域的创新、消费和投资,并且已经成为我国财富分配不均衡的重要原因。

第二节　中国住房新发展模式的内涵

一、住房新发展模式

随着经济社会进入新发展阶段，高质量发展和共同富裕成为新的主题。住房新发展模式是一套针对当前我国住房市场和制度实际痛点、符合我国国情、系统全面的解决方案和长效机制，遵循以"人民为中心"的新发展理念，围绕高质量发展和全体人民共同富裕的目标推动房地产供给侧改革，在保持适当数量型增长的基础上，更加突出增长质量与公平正义：其一，就房地产业自身而言，回归满足人民美好生活需要的初心和本源，实现更加全面、健康、可持续的发展，逐步让全体人民都能够通过适当方式获得可负担的住房，居住得更有品质、更有尊严；其二，就国民经济体系而言，协调好房地产与财政、金融、产业等各方面的关系，实现良性循环和健康发展，推动房地产的定价机制和经济回报回归合理水平，降低系统性风险，更好助力实体经济、科技创新和民生福祉，更好融入双循环的新发展格局。

其内涵可以从四个方面把握：一是从生产要素关系角度，完善土地金融体系，降低土地财政依赖，处理好土地与劳动力、资本等其他生产要素的定价关系，提升经济体系运行效率和价值创造；二是从住房需求实现角度，处理好买卖和租赁的关系，提升行业监管的市场化、法治化和规范化水平，更好保障人民合法权益；三是从政府角色的角度，处理好保障、监管和服务的关系，落实政府提供住房保障、完善市场监管服务等公共产品功能；四是从金融改革的角度，处理好房地产与金融的关系，各自回归本源，避免房地产过度金融化，金融改革更好服务实体经济和民生福祉，促进公平正义，防控金融风险。

二、新旧发展模式的比较

"98房改"以来，我国住房市场大体可以划分为1998—2016年旧发展模式产生、壮大和固化阶段，以及2017年以后提出"租购并举"、建设住房保障"三支柱"等新发展模式的探索阶段。应当说，旧发展模式对应我国住房市场传统发展过程，新发展模式则适应新发展阶段要求，是在旧发展模式的基础上不断生长衍化出来的，两者比较如下。

第一，在价值取向和总体定位上，旧发展模式秉持效率优先（增长数量），将房地产定位于支柱性产业，通过数量庞大的房企借助预售、金融等手段快速弥补住房建设历史欠账，支撑了全球规模最大、速度最快的城镇化进程，在此过程中，很快演变为拉动经济增长、支持政府财政和融资需求的重要工具；新发展模式适应我国住房矛盾从总量短缺转为结构性供给不足、人均住房面积处于中上水平等市场格局，直面发展不平衡、不充分的突出问题，在增长数量的基础上，更加强调增长质量和公平正义，将房地产定位于重要的民生产业，致力于不断改善人民的居住服务，满足美好生活需要。

第二，在与经济、财政和金融的关系上，旧发展模式下，房地产的角色逐渐偏离满足居民居住需求的本源，进一步"捆绑"了我国经济、财政和金融，导致经济增长、地方财政、金融安全等各个方面都严重依赖房地产业的"增长"。一旦住房销量或者价格增长放缓甚至下滑，就会给国民经济社会的各个方面造成重大不利影响。新发展模式强调房地产回归本源，推动产业链开发、建设、运营、服务等均衡发展，优化房地产与经济、财政和金融的互动关系，实现房地产与实体经济和金融良性循环与健康发展。

第三，在我国住房体系的四个方面（买卖、租赁、保障和非正规市场），旧发展模式主要突出住房的商品属性，房价长期单边上涨，并通过短期化、行政化的政策调控市场，始终未能建立长效稳定机制，市场预期不稳，在企业、居民和政府端都长期积累了较大风险。住房租赁市场和住房保障体系的发育则严重滞后，投入和供给不足，政府监管不到位，市场秩序不规范，各种乱象较多。在我国住房市场体系和住房保障体系问题的背后，市场自发通过城中村、小产权房等非正规市场调节供需关系，并且体量较大，在很大程度上化解了住房供需矛盾，形成中国特色的多梯度住房体系。但非正规市场在产权上的重大不确定性，带来了巨大的交易、监管、治理等难题。新发展模式坚持市场化、法治化的基本方向，发挥市场在资源配置中的决定性作用，更好发挥政府在规则制定、市场监管、社会保障等方面的作用。减少不必要的行政干预，更多通过价格机制引导市场建立稳定的供需关系，更好配置资源，推动住房租赁与住房买卖体系、住房保障与住房市场体系均衡发展、有机互补。针对非正规市场，摸排底数，分门别类，规范、发展与监管并举，逐步将其纳入正规市场。

第三节　中国住房新发展模式的框架探索和实现路径

一、总体框架

在定位上，新发展模式将房地产重新定位为"重要的民生产业"，更加突出其民生保障的属性。

新发展模式根据新发展阶段和未来趋势变化，对旧模式形成的全产业链的框架、结构、主体和功能等各方面进行重检和更新。市场的本质是产权进行交易的主要场所和媒介。新的住房体系以住房市场体系为主、住房保障体系为辅，均衡互补发展，并都包括所有权交易（买卖）和使用权交易（租赁）两种基本形式。从市场化、法治化的基本方向以及更好发挥政府和市场的作用，适当尊重历史等角度考虑，新的住房体系以住房买卖市场、住房租赁市场和住房保障体系为三支柱，将非正规市场逐步纳入监管，具体而言有以下几点。

第一，住房买卖市场以市场化为基本原则，围绕政府政策目标，建立长期的、稳定的、高效的政策法规和管理体系，综合运用财政、金融、税收等手段合理调节供需关系，提高市场效率，促进交易公平，防控金融风险。

第二，住房租赁市场借鉴国际经验，以社会化为优先目标，以市场化、法治化为主要手段，适当倾斜保护租客、消费者、个人等弱势群体，完善相关法律法规和政策体系，加快发展有关市场主体、长期投资机构等，构建可持续商业模式。

第三，住房保障体系包含租和买两种基本形式，要明确保障的目标、范围、对象、流程等基本问题，既尊重现有市场格局，借助多种政策工具，通过"补人头"等方式，将住房保障政策与住房市场体系有效衔接，充分利用好现有住房买卖和住房租赁市场解决住房保障问题，又根据中国国情和各地实际，通过"补砖头"等方式，租赁和买卖相结合，缓解保障住房供给问题。

第四，对非正规市场要客观承认其在化解当前住房供需矛盾中的重要作用，坚持"尊重历史、合法合理、稳妥有序"等原则，按照可持续的方向，多策并举，推动转型改革，逐步将其纳入正规住房市场框架。

二、实现路径

新旧发展模式转换不可能一蹴而就，需要循序渐进，稳步落地。在此过程中，要特别注意有效防范化解处置房地产存量和增量风险因素，加快培育和规范住房租赁企业、长期投资机构等重要的市场主体，引导房企转型升级，严格规范市场秩序，稳妥推进各项改革措施。

一是在有效化解风险方面。针对当前烂尾楼项目众多，引发房企、居民、政府等多端债务风险问题，建议尽快推出房地产稳定发展基金，作为现有主体之外的第三方力量，主要发挥稳预期作用，通过"中央母基金＋地方子基金"的联动机制，激发地方政府、供应商、房企、金融机构等各方形成合力，通过注入新增资金激活市场，平滑行业周期性波动，避免市场自发过度调整。基金由房地产稳定基金以及住房供给优化基金组成。房地产稳定基金旨在注入资金，以持有资产等形式，解决在建项目停工资金问题。因房企资产负债情况复杂，不确定性大，新进入资金难以与前期资金形成有效隔离，安全性难以得到保障。房地产稳定基金针对已预售但无法交付的项目，在通过信托机制有效隔离风险、保障新进入资金安全的前提下，推动项目复工复建，完成交房责任，以时间换空间。住房供给优化基金主要针对当前地方政府保障房投入和积极性不足的问题，重在加强保障房和长租房建设。对于风险项目中能够盘活为保障房、长租房等项目，通过再投入引导市场加大投资，促进我国房地产业结构调整和优化升级，助力构建新发展模式。两个基金的运作模式是由中央成立母基金，地方配合成立子基金，国有金融搭建服务生态。建议加强中央统筹协调，在中央金融委下设议事机构，负责统一研究及决策我国房地产市场有关重大问题；压实地方政府责任，保交付、保民生、保稳定；财税、金融、行政等政策协同，倾斜支持力度。

二是在培育市场主体方面。住房新发展模式离不开住房租赁企业、长期投资机构、房地产经纪机构、住房政策金融机构等各类市场主体。建议完善有关法律法规，建立中国特色的住房金融体系，加大财税、土地、金融、行政等政策支持力度，构建可持续商业模式，加快发展集中式住房租赁企业，引导和规范发展分散式住房租赁企业，推动房地产企业转型升级，拓展租赁、养老、物业等居住服务，通过REITs、中国版"两房"等金融机制和金融机构发展长期投资机构和市场稳定主体，等等。

三是在规范市场秩序方面。完善房地产经纪、住房租赁经营、商品房预售、住房保障制度执行等相关的各类行业规范和治理规则，加强重点市场主体监管，强化消费者权益保护，综合运用行政、立法、司法、信用等多种机制，加大对违法违规行为惩处力度，稳定市场预期，形成优胜劣汰的市场自平衡机制。

四是在稳妥推进改革方面。住房新发展模式探索不可能毕其功于一役，要明确发展目标和实施计划，统筹谋划并稳步推进财政、金融、税费、行政、法律等各项改革措施，特别是与土地制度、房地产税等有关的重大改革措施要更加慎重，可以先试点、再落地。预计在2026—2027年前后基本实现新旧发展模式转型过渡。

第四节 以改革促进构建中国住房新发展模式

从房地产交易流程以及我国传统住房发展模式的主要问题出发，我国住房新发展模式的主要改革内容可以从土地、买卖、租赁三项基本制度，以及金融、税收、保障三项支持制度进行概括，同时加强住房领域新基础设施建设。

一、增强土地供需市场化水平，提高土地配置效率

第一，多主体供地。改变目前由地方政府作为单一供地主体的模式，建立以地方政府供给城镇土地使用权为主，以农村供给集体土地使用权、企事业单位供给自有土地使用权等为辅的土地供给体系。农村集体经营性建设用地供给要细化制度设计，调动各级政府的决心和执行力、村集体的积极性，制定各方确权、建设、经营、退出的闭环机制。

第二，多主体拿地。打破目前房企垄断土地开发经营的模式，允许具备住房等开发建设需求的企事业单位、投资机构、政府平台公司（原则上只能投入保障性住房）等机构在符合规定的

情况下直接参与拿地。鼓励各类机构以自有土地与具备资质的房企等合作，通过委托代建等方式开发建设住房项目。为保障住房顺利开发建设，土地开发建设主体继续严格资质管理。

第三，推动土地供需平衡。前瞻研判，科学规划，在总体提高城市住宅用地占比的基础上，按照"人地挂钩"原则，加大人口净流入、房价上涨压力大的城市住宅用地供给。

第四，完善土地出让金制度。综合考虑土地出让金、房地产税费体系等改革，适当调整中央和地方的事权、财权，加大中央政府住房相关支出，完善土地出让金管理、分配和使用等制度，减少地方政府土地财政依赖，土地出让金原则上由中央分配，并主要用于建设保障性住房、补贴困难群众租房等住房保障相关支出。

第五，完善土地金融体系。完善相关法律法规，针对土地承包经营权、集体经营性建设用地使用权等农村土地权利赋予担保价值和交易价值，逐步建立城乡一体化的土地使用权交易市场和交易体系。同时发挥我国政府控制土地这一关键稀缺资源的独特优势，与金融更好结合，进一步探索完善土地金融体系，更好服务政府经济社会发展目标。

二、减少行政干预，完善住房销售方式

第一，减少行政干预措施。改变现有应急性行政管制措施常

态化的做法，通过市场化、法治化的价格机制等方式调节住房市场供需关系，稳定预期，减少过度行政化干预措施。尽快取消新房和二手房各类限价措施，在逐步落实稳房价措施的前提下，在大中城市逐步取消限售、限贷、限购等行政调控措施，提高投资购房及其持有成本，抑制投资性需求。

第二，现售、预售均衡发展，科学规范预售活动。修改相关法律法规，规范土地出让条件，逐步推动商品房从预售走向预售、现售均衡发展，严格规范并落实预售规则，加强预售监管。短期可改革预售制度，严格落实根据项目进度使用资金，将预售资金用途、监管主体和监管职责等制度化，并加大对房企违法违规的处罚力度。

三、完善租赁市场治理，重点发展长租房企业

第一，完善法律法规和行业规范。一是以《中华人民共和国民法典》为基础，以维护当事人合法权益并适当倾斜保护承租人为宗旨，出台《住房租赁条例》，为我国住房租赁法律关系明确基本法律规范。二是针对住房租赁企业、房地产经纪、房地产交易平台等，按照有关法律法规，特别是消费者权益保护的要求，细化行业性规范，加强行业监管，严格规范格式合同。长租房企业区分集中式以及分散式，进一步细化行业性规范，前者主要通过自持或者托管等方式持有整栋物业，后者主要通过托管、代管、转租等方式持有个人房源并对外出租。对于占据我国住房租

赁市场95%以上房源的个人散租市场，出台相关政策法规，切实加强对于该市场以及中介机构、二房东的规范化管理。

第二，加大政策支持力度，重点发展长租房企业，构建以机构化为主体的运营格局。完善土地、税费、监管、金融等一揽子政策，加快发展长租房市场，重点发展机构化、规模化、专业化的长租房企业，提高机构化占比，针对集中式和分散式租赁住房进行规范管理。还可以考虑建立行业信用评级机制，培育样板机构，优先向社会推荐评级高的住房租赁企业；在人口流入多、租房人口规模大的一线地区，鼓励有多套房的个人房东将闲置房屋委托给专业住房租赁企业进行出租，并可给予一定税费减免；等等。围绕住房租赁业务，同步发展一批专业化的、精细化分工的开发建造、资产管理、物业管理、金融投资等企业或机构。

第三，完善城中村管理政策，统筹改善外部环境和安全性。城中村在我国城镇化建设进程中，以较低的成本解决了很多流动人口的住房问题，发挥了重要作用，但也面临违法、违建、环境、安全性差、拆迁纠纷等问题。城中村的发展要更加尊重现实，研究出台积极有效的政策，使其居住功能得到充分利用，最大化发挥其在城市建设进程中的作用和贡献。

四、完善适应市场需求的多层次住房金融体系

第一，实施有保有扶有压的住房金融政策。住房金融政策要

更加强调落实全体人民住有所居的总体目标，做精做细做实，大力支持每个人的基本住房需求，可以采取更加灵活和优惠的首付比例、贷款利率、担保条件等信贷政策和扶持措施，适当支持合理的改善性住房需求。坚持金融政策的统一性、连续性和稳定性，按照利率市场化原则，实行全国基本统一的房贷利率政策。遵循市场化定价标准，推动居民房贷利率回归正常水平，减轻居民过重的房贷利息负担，同时对于投机投资性购房可以采取提高首付比例和利率等措施。

第二，加快发展长租房REITs。在房地产行业由"高负债、高杠杆、高周转"模式向平稳发展转变的背景下，系统推进建立REITs机制，加快租赁市场发展和房地产市场转型升级，形成长期持有运营的投融资机制和市场运行模式，促进我国经济高质量发展。主要内容包括：一是契约型与公司型并存，优先发展契约型REITs；二是私募和公募并重，从私募起步培育市场和业态；三是明确REITs为独立券种，促进市场交易流通；四是稳步扩大基础资产范围，当前以培育和发展长租房为主。

第三，探索建立中国版"两房"机制，打通低成本、长期限资金通道。房利美和房地美是美国联邦政府发起设立的金融支持机构，主要通过担保、投资等方式集合社会低成本、稳定的资金投入住房市场，降低交易成本，提高市场效率。当前我国住房金融市场缺少宏观稳定和调控机制，建议借鉴国际经验，探索建立中国版"两房"机制。

第四，发展住房储蓄银行模式。以德国为代表的住房储蓄制度在保障居民购房权利、稳定房地产价格等方面发挥了重要作用。我国目前已有中德住房储蓄银行，但面对我国过去长期单边大涨的房价，住房储蓄的利息优惠不具备任何吸引力，因此发展极为缓慢。在新发展阶段，我国房价总体保持稳定，预计住房储蓄模式的生命力将重生，应当发展。

第五，实施抵押贷款价值审慎评估规则，减少抵押品价值与信贷扩张的螺旋上涨效应，降低金融风险。当前我国对抵押贷款项下不动产的价值评估主要遵循市场价值法，在房价处于高位且泡沫严重的背景下，潜在风险巨大。建议借鉴欧洲抵押贷款价值评估规则，运用收益法对不动产未来可出售性和价值进行谨慎评估，额度取决于房地产周期内的最低值，不受市场短期价格炒作影响，降低抵押品价值与信贷扩张的螺旋上涨效应。

第六，发展证券化二级市场，疏通利率和资产价格的传导渠道。长期资产价格受利率影响，需要流动性充足的二级市场，建立起利率和资产价格的传导机制。但目前我国 RMBS（住房抵押贷款支持证券）体量过小，流动性过低，难以为一级市场提供风险分散渠道，更无法建立利率影响资产价格的传导体系，降低利率对资产价格的稳定作用。还可以推进 RMBS 作为可质押券种，完善利率调控机制。在完善质押回购体系的基础上，中央银行可以通过 RMBS 的公开市场操作和质押式回购进行宏观调控，提高 RMBS 利率传导至一级市场贷款利率的效率。

五、稳步推进符合国情的税收优化政策

第一，逐步实施房地产税制度。为引导住房合理消费和土地资源节约集约利用，促进房地产市场平稳健康发展，促进共同富裕，应学习借鉴国外经验并结合我国实际，优化税收模式，稳妥推进。在前期阶段，探索征收住房空置税，提升房屋资源使用效率。从国际经验看，空置率较高的国家往往通过空置税来进行调节，可以结合我国实际情况和国际经验，研究出台专门针对空置房的空置税，将这些空置房挤入住房租赁市场，解决我国住房租赁市场的结构性短缺问题。后期由空置税逐步过渡为房地产税，明确试点城市、范围、税率等试点方案主要内容，以便稳定社会预期。房地产税的实施时点和节奏应当精心把握设计，可以考虑分批次、分层次、分时期，先从对土地财政依赖程度低、城镇化率达到成熟市场水平的城市开始，从拥有多套房的家庭开始逐步实施，推出时点以经济平稳向上、充分就业、市场预期稳健为好。

第二，逐步探索遗产税制度。为发挥税收的自动"稳定器"作用，通过对代际的财富转移征税来调节财富分配，推动慈善事业发展，可以逐步探索征收遗产税。由于相关配套体系尚未建立，不建议与房产税同期推行，可以先行推进房地产税和配套政策落地，同步探索遗产税设计，为遗产税的征收奠定基础。遗产税的课税对象主要是超富裕群体，对中产群体影响较小，开征时机可以考虑选择经济稳定、房地产市场稳定、居民纳税意识较强的时期。

六、以中央财政为主体加快推进住房保障体系建设

第一，以中央财政为主体加快保障性住房建设。住房保障制度已经成为我国住房体系建设的重大短板，特别是大量新市民、青年人等住房需求难以得到满足。要借鉴国外经验并结合我国实际，区分市场与保障，落实政府责任。保障性住房房源建设或者筹集所需资金主要由中央财政统一安排，地方政府按照预算安排，负责具体实施。从租房人群的实际情况看，迫切需要构建市场化与保障性双支柱租赁住房体系，由市场和政府共同推进。对于收入水平较高的人群，可由市场化机构满足其租住需求；新市民、青年人等需要政府通过实物或补贴方式，为其提供基本居住保障。

第二，创新融资路径筹集资金，推动保障性住房快速发展。结合前期实践，可以从以下三个方面拓展住房保障房源所需资金来源：一是中央政府发行住房保障长期专项债券，可以由商业银行购买，为重点城市保障性住房建设提供长期限资金；二是商业银行基于公租房未来租金收益权创新信贷产品，由国有融资性担保机构等主体提供担保；三是调整土地出让净收入用途，增加用于住房保障的相关支出。

第三，加强住房保障法律制度建设和监管。出台住房保障相关的一系列法律、法规和制度文件，清晰界定有关概念和规则，必要时可通过单项文件方式陆续发布，重点包括：一是明确根据经济社会发展情况以及政府财政实力，国家有义务逐步保障居民

基本的居住权利，落实中央和地方及有关部门责任；二是明确住房保障的具体范围、主要对象和实现方式，住房保障与保障性住房的关系以及我国保障性住房的内涵和形式；三是加强对住房保障规划、建设、申请、准入、使用、变更、退出等全流程的监督和管理，严厉惩处骗取补贴等违法违规行为；四是对于北上广深等人口净流入的大城市以及其他有需要的城市，成立专门的保障住房监管执行机构。

七、完善国家住房市场治理数据、信用等基础设施

第一，建立国家住房调查制度。可以考虑由自然资源部牵头建立国家住房调查制度，全面摸清我国住房市场的存量数量、结构、类型、分布等信息，涵盖商品房、政策房、小产权房、城中村等各种满足城市老百姓居住需求的正式的和非正式的住房形态，具体可以从重点城市逐步推进。该项工作可以与国内土地调查、人口普查等工作相衔接，在国际上也有比较成熟和系统的经验。

第二，加强科技平台建设。加强智慧政务建设，建立住房租赁全量备案制度，建设住房租赁监管服务平台，涵盖各大城市以及房地产中介、住房租赁企业、个人直租等各类住房租赁行为，建设住房保障监管服务平台，涵盖住房保障申请、准入、运营、退出、监管等全流程，便于政府有效监管和服务，也为拓展金融

服务等奠定基础。

第三，完善政府数据信息管理制度。信息和数据是社会治理的基础，也是政府加强监管、提升服务能力的重要抓手。围绕住房领域，进一步提升政府数据信息、交易管理、政务服务等科技化、信息化水平，搭建及时、准确、权威的市场基础数据信息库，并及时向市场发布，提升政府对市场以及各方主体的管理、监督、服务、支持和保障能力。

第四，完善信用管理机制。加强对房地产企业、住房租赁企业、房地产经纪机构等房地产相关机构以及个人的信用管理，加强消费者权益保护和社会监督。

中国财富管理 50 人论坛课题组名单

课题牵头人

尹艳林　　第十四届全国政协经济委员会副主任

课题组集体成员

建行研修中心（研究院）课题组

课题组个人成员

刘守英　　中国人民大学经济学院教授
纪　敏　　中国财富管理 50 人论坛学术成员
夏　磊　　国海证券首席经济学家
王瑞民　　国务院发展研究中心市场经济研究所副研究员
周晓松　　中国财富管理 50 人论坛特邀研究员
熊雪锋　　中国人民大学农业与农村发展学院助理教授
李昊泽　　中国人民大学经济学院博士研究生